Sizilien

Ralf Nestmeyer

MERIAN-TopTen

Höhepunkte, die Sie unbedingt sehen sollten

1. **Dom von Monreale**
Ein einzigartiges Zeugnis für die normannische Vergangenheit Siziliens (→ S. 37).

2. **Cefalù**
Eine Stadt wie gemalt: ein traumhafter Sandstrand, romantische Fischerhäuser und ein mächtiger Dom (→ S. 38).

3. **Museo Albergo l'Atelier sul Mare**
Im kleinen Ort Castel di Tusa kreierten zeitgenössische Künstler dieses legendäre Hotel. Jedes Zimmer ist ein Kunstwerk (→ S. 41).

4. **Etna/Ätna**
Majestätisch beherrscht der größte und noch immer aktive Vulkan Europas die Ostküste Siziliens (→ S. 53, 60, 91).

5. **La Pescheria**
Catánias berühmter Fischmarkt ist ein wahres Fest der Sinne (→ S. 57).

6. **Valle dei Templi/ Tal der Tempel**
Die mächtigen griechischen Tempel des antiken Agrigent beeindrucken stark (→ S. 65).

7. **Museo Archeologico Regionale Paolo Orsi**
In Siracusa sind zahllose archäologische Funde ansprechend präsentiert (→ S. 72).

8. **Noto**
Die schönste Barockstadt Siziliens. Zahlreiche Paläste und Kirchen säumen Straßen und Plätze (→ S. 74).

9. **Villa Romana del Casale**
Das spätantike römische Landhaus nahe Piazza Armerina besitzt hervorragend erhaltene Bodenmosaike (→ S. 87).

10. **Riserva Naturale dello Zingaro**
Der älteste Naturpark Siziliens bietet Naturliebhabern neben Wanderwegen herrliche Badebuchten (→ S. 94).

MERIAN-Tipps →
finden Sie auf Seite 128

Inhalt

Erläuterung der Symbole

Für Familien mit Kindern besonders geeignet

Diese Unterkünfte haben behindertengerechte Zimmer

In diesen Unterkünften sind Hunde erlaubt

CREDIT *Alle Kreditkarten werden akzeptiert*

Keine Kreditkarten werden akzeptiert

Preise für eine Übernachtung im Doppelzimmer mit Frühstück in der Hauptsaison:

●●●●	*ab 220 €*	●●	*bis 150 €*
●●●	*bis 220 €*	●	*bis 70 €*

Preise für ein Menü oder Buffet, ohne Getränke:

●●●●	*über 50 €*	●●	*ab 20 €*
●●●	*ab 30 €*	●	*bis 20 €*

Karten und Pläne

Die Buchstaben-Zahlen-Kombinationen im Text verweisen auf die Planquadrate der Karten, z. B.

⇢ S. 118, A 7 Kartenatlas
⇢ S. 39, c 3 Detailkarte innen
⇢ Umschlagkarte hinten, d 4

Mit Straßenkarte

Extra MERIAN **Quiz** ⇢ S. 17

Sizilien stellt sich vor

Rund 30 000 Menschen fanden Platz im grandios gelegenen Freilichttheater von Taormina (→ S. 49). Spektakuläre Kulisse: der Ätna (→ S. 60).

Die Insel im Mittelmeer ist so reich an Geschichte, Kultur, Sehenswürdigkeiten und abwechslungsreichen Landschaften wie ein ganzer Kontinent. Eine Bildungsreise par excellence.

Selten ist man den europäischen Ursprüngen so nah wie hier an der einstigen Grenze zwischen Morgenland und Abendland. Die Griechen und Römer rangen mit den Karthagern um den Besitz der Insel, den Arabern war es vergönnt, aus Sizilien eine blühende Kulturlandschaft zu formen, die von den Normannen dann letztlich wieder für den christlichen Glauben zurückerobert wurde. Doch die zahlreichen Eroberungswellen konnten Sizilien nicht erschüttern. Zwar wurden die kulturellen Einflüsse absorbiert, aber ihre Eigenständigkeit gab die Insel niemals auf. »Sizilien, die Umwelt, das Klima, die sizilianische Landschaft. Das sind die Kräfte, die zugleich – und vielleicht mehr als alle Fremdherrschaften und Schändungen – unseren Geist gebildet haben: diese Landschaft, die keine Mitte kennt zwischen üppiger Weiche und vermaledeiter Wüste«, charakterisierte Tomasi di Lampedusa seine Heimat in seinem berühmten Roman »Der Leopard«.

Insel der Kontraste

Die touristische Entdeckung der Insel begann 1767 mit dem deutschen Baron von Riedesel. Spätestens die Reiseberichte von Johann Wolfgang von Goethe und Johann Gottfried Seume adelten Sizilien zum klassischen Ziel einer Bildungsreise. Eine Besichtigung der Tempel von **Agrigent** und **Selinunt**, der antiken Theater von **Taormina** und **Syrakus** sowie ein Aufenthalt in der Inselhauptstadt **Palermo** gehörten zum Pflichtprogramm einer Sizilienrundfahrt. Den Westen – abgesehen von der Elymerstadt **Segesta** – ließen die meisten Reisenden im 19. Jahrhundert links liegen. Im Großen und Ganzen bestimmt die damals abgesteckte Route bis heute den Verlauf der meisten Sizilienreisen.

Auf deutschsprachige Touristen trifft man in der Provinz Trápani – zu der beispielsweise **Marsala, Érice, Castellammare del Golfo** sowie die

Ideale Reisezeit ist das Frühjahr, das bereits im Februar mit der Mandelblüte beginnt.

Stimmungsvoll zeigt sich Cefalùs (→ S. 38) Meerseite im Abendlicht.

Ägadischen Inseln (Isole Egadi) gehören – nur sehr selten. Die Italiener hingegen wissen die Insel **Favignana** und die idyllischen Strände bei **San Vito lo Capo** seit langem als Ferienziele zu schätzen. Was typisch für die ganze Insel ist und den großen Reiz einer Sizilienreise ausmacht: Jenseits der Hauptsehenswürdigkeiten wandelt man auf touristisch weitgehend unberührten Pfaden. Und die Bewohner der einfachen Landstädte und Dörfer begegnen einem Fremden stets freundlich und aufgeschlossen.

Sizilien war die Heimat vieler Völker, und fast alle haben der Insel Zeugnisse ihrer Kultur hinterlassen.

Tempel, Kirchen und Paläste

Am eindrucksvollsten sind sicherlich die Bauwerke aus der Zeit, als Sizilien zu Großgriechenland (**Magna Graecia**) gehörte: Man denke nur an die Tempel von Agrigent und Selinunt sowie an die den landschaftlichen Gegebenheiten fantastisch angepassten Theater von Syrakus, Eraclea Minoa, Tyndaris, nicht zu vergessen das von Taormina, für welches der Ätna als grandiose Kulisse postiert.

Den **Römern** ist es vor allem zu verdanken, dass die griechischen Bauwerke so gut erhalten sind. Die von ihnen errichteten Amphitheater von Syrakus und Catánia geben Einblicke, welche Bedeutung Gladiatorenkämpfe und Tierhatzen im Römischen Reich im Alltag besaßen. Von der **byzantinischen** und von der **arabischen Epoche** allerdings sind nur sehr wenige Spuren erhalten; erst die **normannischen Bauten** haben die Wirren der Jahrhunderte wieder besser überdauert. Die Normannendome von Monreale und Cefalù sowie die Cappella Palatina in Palermo spiegeln eindrucksvoll den byzantinisch-arabischen Einfluss auf die Architektur wider. Einen letzten Höhepunkt der Kunst markieren die prachtvoll-verspielten **Barockbauten**, die auf der gesamten Insel zu bewundern sind – mit einem Schwerpunkt im Südosten. Die schönsten, in sich geschlossenen Barockstädte sind sicherlich Noto und Ragusa.

Sonnenüberflutete Landschaften

Afrika ist nah. Gerade einmal 140 Kilometer trennen Sizilien von Tunesien, das sind exakt 14 Kilometer weniger als die Entfernung von Messina nach Siracusa. Die gelegentlich an Fatalismus grenzende Lethargie der Sizilianer scheint durch diese Nähe Afrikas genährt zu werden. Die südliche Lage sorgt auch für paradiesische Zustände: Im Frühjahr, das bereits im Februar mit der Mandelblüte beginnt, ist ganz Sizilien ein blühender Garten. Zitronen-, Orangen- und Mandelbäume gedeihen in dem vom Sonnenschein verwöhnten Inselklima besonders prächtig.

Cicero behauptete zwar, in Syrakus würde 365 Tage im Jahr die Sonne scheinen, doch war dies wohl eher metaphorisch gemeint. Fakt ist aber, dass nirgendwo in Europa die Sonne länger scheint als in Catánia – und zwar 2528 Stunden im Jahr. Im Hochsommer ist es oft so drückend heiß, dass Tempelbesichtigungen wenig Freude bereiten; zudem sind die Ferienorte überlaufen. Dafür finden Sonnenhungrige von Mai bis Oktober an den zahlreichen **Stränden**, wie zum Beispiel in Eraclea Minoa oder Cefalù, nahezu ideale Bedingungen vor. Die beste Wasserqualität bieten die kleinen **Inseln** rund um Sizilien wie Lípari, Ústica oder Favignana. Dort kann man herrlich tauchen und baden.

Statistisch gesehen leben neun von zehn Sizilianern entlang eines Küstenstreifens von wenigen Kilometern Breite. Auf solch einem Küstenflecken liegen auch die brodelnden **Inselmetropolen** Palermo und Catánia. Und das, obwohl die Sizilianer das Meer nicht einmal sonderlich mögen – viele Küstenorte haben dem Meer den Rücken zugekehrt. Das **Landesinnere** ist über weite Strecken unbewohnt. Die Bevölkerung konzentriert sich hauptsächlich auf kleinstadtgroße Dörfer. Einzelgehöfte oder Weiler mit ein paar Häusern gibt es so gut wie nicht. Die Gründe hierfür wurzeln in der Vergangenheit: Die riesigen Ländereien gehörten zumeist adeligen Großgrundbesitzern, die ihr Land jeweils nur für wenige Jahre verpachteten. Diese nur auf Profit bedachten Pächter bewirtschafteten die Felder wiederum mit Tagelöhnern, die heute hier, morgen dort eingesetzt wurden und von ihrem Heimatdorf oft stundenlang zu ihrem Arbeitsplatz unterwegs waren. Das Latifundiensystem existiert mit Abstrichen bis heute und ist eine der Hauptursachen für die Armut der Insel.

Es ist nicht unwahrscheinlich, im Landesinneren auf Deutsch begrüßt zu werden. Hunderttausende von Sizilianern haben viele Jahre in den reichen Industrieregionen Mitteleuropas verbracht und schwärmen noch heute von ihrer Zeit in Pforzheim oder Nürnberg. Im Alter sind sie nach Sizilien zurückgekehrt, doch wandeln sie häufig zwischen zwei Welten: Ein Sohn oder eine Tochter haben in Deutschland geheiratet und sind dort geblieben. **Arbeitsemigration** hat große Tradition auf Sizilien. Bereits in der zweiten Hälfte des 19. Jahrhunderts sind mehr als eine Million Menschen vor Armut und Not ins »gelobte Land« ausgewandert und haben in Amerika Karriere gemacht, darunter der ehemalige New Yorker Oberbürgermeister Vincent Impellitteri, dessen Besuch in seinem Heimatdorf Isnello der Schriftsteller Carlo Levi in seinem Buch »Worte sind Steine« mit lebendiger Sprache festgehalten hat. Der Wirtschaftsboom der Nachkriegszeit auf der einen und die Armut auf der anderen Seite veranlassten etwa die gleiche Anzahl Not leidender Sizilianer, in Norditalien, Deutschland oder der Schweiz nach einer Beschäftigung zu suchen.

Menschen mit Geschichten

Eine Insel zwischen Tradition und Mythos

Besonders argwöhnische Zeitgenossen – sie sind in Norditalien genauso wie in Deutschland oder anderswo anzutreffen – sind der festen Überzeugung, eine auf Sizilien ausgestellte Geburtsurkunde sei gleichbedeutend mit einem Aufnahmeantrag in die »Ehrenwerte Gesellschaft«. Auch wenn das übertrieben ist, die **Mafia** ist dennoch allgegenwärtig – für Fremde jedoch so gut wie unsichtbar. Das Beziehungssystem der gegenseitigen Gefälligkeiten und

Abhängigkeiten hält die Insel fest im Griff, selbst wenn gelegentlich der Mantel des Schweigens aufreißt. Der Fix- und Angelpunkt im Leben eines Sizilianers ist seine Familie, auch wenn sich die familiären Strukturen mittlerweile etwas gelockert haben. Und auch die gesellschaftliche Stellung der Frauen hat sich enorm verbessert: Sogar das Bürgermeisteramt von Palermo wurde schon von einer Frau bekleidet.

Die gesellschaftlichen Ereignisse, denen man nach wie vor die größte Aufmerksamkeit schenkt, sind Geburt, Hochzeit und Tod. In anderen Ländern tragen ein paar Schnappschüsse vor dem Standesamt der Dokumentation Rechnung, auf Sizilien beauftragt man einen Berufsfotografen und mietet sich eventuell noch einen repräsentativen Oldtimer dazu. Als Kulisse bedarf es mindestens einer prächtigen Barockkirche mit Freitreppe, wenn nicht gar eines griechischen Tempels – für den schönsten Tag im Leben ist kein Aufwand zu groß. Ähnliches gilt für den in der modernen Industriegesellschaft weitgehend verdrängten Tod. Die Sizilianer haben ein sehr enges Verhältnis zum Tod. Schwarz tragen sie nicht nur als Modefarbe, sondern als öffentlich bekundete Trauer.

Bereits im 16. Jahrhundert wurde geklagt, dass 200 Jahre lang auf Sizilien keine einzige Brücke gebaut oder in Stand gesetzt worden war, weil das dafür vorgesehene Geld auf unerklärliche Weise verschwunden war. Unüberwundene Missstände: Auch in der Gegenwart versickern Millionen Euro in dunklen Kanälen. Touristen haben damit zwar direkt nichts zu tun, müssen aber den fortschreitenden Verfall der Paläste und Kirchen beobachten. Gewiss, von den vor sich hin bröckelnden Fassaden in

Bröckelnder Glanz und morbider Charme

Noto und Palermo geht ein morbider Charme aus, doch irgendwann gähnen vielleicht nur noch Ruinen in die Abendsonne. Gelder zur Renovierung werden zwar bereitgestellt, und Gebäude verschwinden hinter Gerüsten – dennoch geschieht dem Augenschein nach so gut wie nichts, einzig die Gerüstbaufirmen kassieren jeden Tag für die Bereitstellung ihrer Schrauben, Balken und Stangen.

Schöpfung der Natur: türkisfarbene Lagunen und Sandbänke bei Tindári (→ S. 49).

Gewusst wo ...

Der Strand mit malerischem Blick auf die Isola Bella bietet eine Erholungspause vom vielfältigen touristischen Angebot Taorminas (→ S. 49).

Sizilien ist voller Gegensätze: In den Straßen pulsiert das Leben. Ruhe strahlen die zahlreichen Denkmäler der Antike und paradiesisch gelegene Badebuchten aus. Abwechslung ist also garantiert.

Übernachten

Sehr beliebt ist Agriturismo. Zumeist Bauern vermieten diese landestypischen Unterkünfte.

An die Nobelherberge San Domenico Palace (→ S. 50) – ein ehemaliges Kloster in Taormina – ist ein weitläufiger mediterraner Park angeschlossen.

Wie überall in Italien sind die Hotels in fünf Sterne-Kategorien eingeteilt. Die Klassifizierung reicht vom Luxushotel über die erstklassige und gute Mittelklasse bis zum durchschnittlichen Zwei-Sterne-Hotel und der einfachen Unterkunft. Das Hotelgewerbe in den bekannten Tourismuszentren ist seit vielen Jahrzehnten darum bemüht, den persönlichen Stil nicht zu verlieren und dabei einen hohen Standard zu halten. Doch sollte man sich nicht zu sehr von den Sternen leiten lassen. Ein niedriger eingestuftes Hotel kann einem höheren durchaus bezüglich Sauberkeit und Ausstattung überlegen sein, es fehlt eventuell nur ein Fernseher auf dem Zimmer.

Das Bettenangebot ist recht ungleichmäßig über die Insel verteilt. In Palermo, Taormina, Agrigento und Cefalù hat man die Qual der Wahl, während das Angebot im Inselinneren eher bescheiden ausfällt. Für ein Zusatzbett dürfen 35 Prozent Aufschlag berechnet werden. Wenn das Frühstück nicht schon im Zimmerpreis enthalten ist, sollten Sie dem Beispiel der Italiener folgen und einfach in die nächste Bar gehen.

Vor allem in den Küstenorten bieten die Hoteliers oftmals auch Halb- oder Vollpension an; in der Regel ist dies durchaus zu empfehlen, der Preis ist meist relativ günstig und die Küche recht ordentlich.

Hotelverzeichnisse erhält man kostenlos bei den Tourismusämtern der jeweiligen Orte (AAST) oder Provinzen (AAPIT).

Persönlicher Stil bei hohem Standard

Urlaub auf dem sizilianischen Bauernhof

Auf der Beliebtheitsskala bewegt sich der Agriturismo, die italienische Variante des Urlaubs auf dem Bauernhof, immer weiter nach oben. Agriturismo bietet meist einen Komfort, der sich durchaus mit dem eines Mittelklassehotels vergleichen lässt.

Agriturist ···> Umschlagkarte hinten, nordwestl. c 1

Via Alessio di Giovanni 14, 90140 Palermo; Tel. 0 91 34 60 46; www.agriturist.it

Das Angebot ist breit – es reicht vom einfachen Villagio Turistico, einer Siedlung mit Ferienapartments, bis zur luxuriösen Villa in Alleinlage. Zumindest in der Hauptsaison muss man frühzeitig buchen, um sich die schönen Unterkünfte zu sichern. Zwar sind Ferienwohnungen nicht wesentlich billiger, sie ermöglichen aber einen freieren Tagesablauf. Die meisten deutschen Reiseveranstalter halten nur ein bescheidenes Kontingent an Ferienwohnungen und -häusern in Sizilien bereit. Eine Ausnahme bildet der Sard Reisedienst, dessen Angebot von exklusiven Villen bis zu schlichten Ferienwohnungen reicht.

Sard Reisedienst

Erwin-Reuth-Str. 1, 55257 Budenheim; Tel. 06 13 97 66, Fax 0 61 39 14 88; www.sard.de

Kleinanzeigen im Reiseteil überregionaler Zeitungen sind eine Alternative. Die dort angebotenen Feriendomizile sind zudem meist etwas günstiger, da keine Vermittlungsprovision erhoben wird. Treten mit Vermietern Probleme auf, ist es allerdings oft schwierig, Regressansprüche geltend zu machen. Die Mietdauer beträgt normalerweise eine bis mehrere Wochen, wobei als An- und Abreisetag der Samstag gilt.

Sizilien verfügt auch über ein dichtes Netz an Campingplätzen; im Süden und Westen der Insel sind die Quartiere allerdings eher spärlich gesät, problematisch wird es im Landesinneren.

Empfehlenswerte Hotels und andere Unterkünfte finden Sie bei den einzelnen Orten im Kapitel »Unterwegs auf Sizilien«.

Essen und Trinken

Die sizilianische Küche wird von Kennern als eine der besten Regionalküchen Italiens gerühmt.

Auf Qualität geprüft: Nach Apulien ist Sizilien der größte Weinproduzent Italiens. Besonders berühmt ist der bernsteinfarbene »Marsala«.

Feinste Pasta, frischer Fisch

Egal ob Griechen oder Römer, Araber oder Spanier – sie alle haben ihre Spuren im sizilianischen Kochtopf hinterlassen. Die Griechen exportierten ihre Wein- und Olivenbaumkultur in die neu gegründeten Kolonien, die Römer machten Sizilien zur Kornkammer Italiens, den Arabern verdankt man eine Vorliebe zu edlen Gewürzen und fantasievollen Süßspeisen. Und die Spanier brachten aus der Neuen Welt die Tomate mit, die heute, zusammen mit Auberginen, Kapern, Oliven und Sardellen, ein unverzichtbarer Bestandteil der sizilianischen Küche ist. Die Liebe zur Pasta verbindet die Sizilianer mit allen Italienern. Die Sizilianer haben allerdings ein besonderes Gespür, »pasta« (Teigwaren) mit ausgesuchten Zutaten und erlesenen Kräutern zuzubereiten. Viele Gerichte verfeinern sie mit wild wachsendem Fenchel. Längst hat die »pasta alla Norma« ganz Sizilien erobert, doch stammt sie eigentlich aus Catánia. Dieses mit Tomaten, Auberginen, Basilikum, Knoblauch und Ricotta servierte Nudelgericht geht allerdings nicht auf die Normannen zurück – der Name ist eine Hommage an Catánias berühmtesten Sohn Bellini und dessen Oper »Norma«. In Palermo schwört man auf »pasta con le sarde«: Maccheroni mit Sardellen, Pinienkernen, Samen vom wilden Fenchel und Safran. Spaghetti mit Auberginen, Paprikaschoten und schwarzen Oliven finden als »pasta alla siracusa« ihre Liebhaber. Einen gewöhnungsbedürftigen Anblick bietet die mit dem Saft der Tintenfische schwarz gefärbte »pasta alle seppie nere«. Nur im äußersten Westen Siziliens macht der aus Nordafrika stammende schmackhafte Couscous der Pasta bisweilen den Rang streitig. Fast immer wird dort aber Couscous mit Fisch statt mit Hammel serviert.

Fisch spielt in der sizilianischen Küche eine große Rolle. Am Morgen noch fangfrisch am Markt angepriesen, bereitet er schon wenige Stunden später köstliche Tafelfreuden. Der »pesce spada« (Schwertfisch) ist nicht nur bei Händlern als dekoratives Element beliebt. Probieren Sie einmal »pesce spada alla ghioto«, ein mit Zwiebeln, Knoblauch, Oliven und Kapern verfeinerter Schwertfisch. Ebenso häufig findet man »tonno« (Tunfisch) auf der Speisekarte. Von dem auf den Ägadischen Inseln gefangenen roten Tunfisch gelangen allerdings nicht allzu viele Exemplare auf die heimischen Fischmärkte; der größte Teil des Fangs wird von japanischen Feinschmeckern geordert. In Messina versteht man sich besonders gut auf die Zubereitung von »baccalà« (Stockfisch). An einer delikat angerichteten »sogliola« (Seezunge) oder »barbe« (Rotbarbe) kommt man nur schwer vorbei, doch Edelfische haben auch auf Sizilien ihren Preis. Wer einmal weder auf gegrillten noch auf gebratenen Fisch Appetit hat, sollte die reichhaltige »zuppa di pesce«, die sizilianische Variante der Fischsuppe, kosten.

MERIAN-Tipp

1 Stella

Die im Innenhof eines alten Palazzo gelegene Trattoria mit romantischem Flair empfiehlt sich als eine Oase der Ruhe im Großstadtlärm. Die Qualität der Gerichte ist der Atmosphäre ebenbürtig, deshalb kann es schwierig werden, einen Platz zu ergattern. Spezialitäten des Hauses: der pikant gefüllte Tintenfisch und als Vorspeisen die selbst gemachten Kroketten und kleinen Eierpfannkuchen.

Via Alloro 104, Palermo;
Tel. 09 16 16 11 36; So, Mo und im Aug. geschl. ●● DINERS MASTER VISA

→ Umschlagkarte hinten, d 5

Die Fischspezialitäten sind so vielfältig und gut, dass Fleischgerichte in der traditionellen sizilianischen Küche zweitrangig sind. In den höheren Lagen, beispielsweise in den Bergdörfern der Madonie, wird mit Vorliebe Lamm zubereitet, aber auch Huhn, Schwein, Rind und Hammel kommen auf den Speiseplan. Wildgerichte bilden die große Ausnahme. Eine Spezialität der Insel ist »farsumagru«, ein Rinder- oder Kalbsbraten, gefüllt mit Eiern, Käse, Salami und Zwiebeln. Lecker sind auch die »involtini alla siciliana«, eine mit Schinken, Käse, Pinienkernen und Semmelbröseln gefüllte Kalbsroulade.

Bei den Süßspeisen machen sich die arabischen Einflüsse noch deutlich bemerkbar. In ihrer Vielfalt sind sie eine echte Herausforderung für

Süße Verlockungen

Schlankheitsbewusste. Zu den Hauptzutaten der Zuckerbäcker gehören Mandeln, Ricotta, getrocknete Früchte, Pistazien, Honig und Nüsse. Das Ergebnis sind köstliche Mandelkonfekte, aber auch luftige Teigröllchen mit einer raffinierten Quarkfüllung – »cannolli« genannt. Sehr beliebt ist auch die »cassata siciliana«, eine überaus deliziöse Eistorte, die nach Lust und Laune mit Schokoladen-, Zimt- oder Vanillegeschmack verfeinert wird. Eisrezepte werden von den Familien übrigens wie Staatsgeheimnisse gehütet und nur an die nächste Generation weitergereicht. Wichtigster Bestandteil aller Eissorten sind natürlich die Früchte, die auf Sizilien heranreifen: Orangen, Zitronen, Melonen, aber auch Pistazien, Kaktusfeigen oder Maulbeeren. Manche »gelatiere« verstehen sich sogar auf gewagte Kreationen wie Jasminblüten- oder Rotweineis.

Obwohl Sizilien nach Apulien der größte Weinproduzent Italiens ist, finden nicht allzu viele Flaschen ihren Weg in die Weinhandlungen und Restaurants nördlich der Alpen. Der bei uns bekannteste sizilianische Wein dürfte zweifellos der »Corvo« des »Duca di Salaparuta« sein. Aber auch die Rot- und Weißweine – zum Beispiel der »Rapitalà« – aus der Gegend um Álcamo genießen einen ausgezeichneten Ruf. Ein weiterer empfehlenswerter Weißwein ist der »Regaleali«. Der auf vulkanischen Böden herangereifte »Etna Rosso« überzeugt durch seinen kräftigen, vollmundigen Geschmack; er besitzt einen hohen Alkoholgehalt. Siziliens berühmtester Wein ist sicher der bernsteingelbe »Marsala«. Neben dem Marsala gibt es aber noch weitere feine Dessertweine, so den »Malvasia delle Lipari« und den süßen »Moscato di Pantelleria«, der ebenfalls in verschiedenen Varianten angeboten wird.

Ob Sie einem »ristorante«, einer »osteria« oder »trattoria« den Vorzug geben, ist nebensächlich. Erwartet wird, dass Sie sich für ein komplettes Menü entscheiden. Dies besteht zumindest aus dem »primo piatto« – meist ein Nudelgericht – und dem »secondo piatto«, dem Hauptgang. Erweitert werden kann die Menüfolge mit »antipasti« (Vorspeisen), »contorni« (diverse Beilagen) und einer »dolce« (süße Nachspeise). Für den »coperto« (Gedeck) wird in der Regel ein Betrag ausgewiesen, der unabhängig von der Bestellung zu zahlen ist. Möchte man mittags kein Restaurant aufsuchen oder meldet sich der kleine Hunger zwischendurch, bietet sich die »tavola calda« für einen preiswerten Imbiss an. Ein klassischer Imbiss: »arancine«, panierte Reisbällchen mit einer Füllung aus Erbsen und Fleisch.

Empfehlenswerte Restaurants finden Sie bei den einzelnen Orten im Kapitel »Unterwegs auf Sizilien«. Die Restaurants sind, sofern nicht anders angegeben, mittags von 12.30–14.30 Uhr und abends ab 19.30 Uhr geöffnet.

MERIAN Quiz

Die Mutter des Staunens der Welt

Erbmonarchien waren ja früher so eine Sache. Nicht aus liebevollen Gründen, sondern allein schon des Machterhalts wegen hieß es da notwendigerweise: Zeugen auf Teufel komm raus. Doch selbst im fruchtbaren Sizilien war es mit der Fruchtbarkeit nicht immer weit her. Als die männliche Linie erlosch, konnten die sizilianischen Normannen nur allzu gut ein Lied davon singen.

Gut, dass deren letzter König eine Tante hatte (um die es hier geht). Nach dem Tod ihres Neffen geschah ein kleines biologisches Wunder: So als ob heute eine Frau Mitte 50 einen halb so alten Kerl ehelichte, von dem sie zehn Jahre später ein Kind empfängt. Das war auch damals eher ungewöhnlich. Die gesuchte Sizilianerin mit Wikingerblut heiratete erst im Alter von 32.

Zuvor war sie Nonne. Böse Zungen sagten, ihr Aussehen sei unvorteilhaft gewesen, verbürgt ist das nicht. Wie auch immer: Ihr Gatte, 11 Jahre jünger, war Sohn einer schwäbischen Legende. Nach acht Jahren Ehe wurde sie, nun 40, schwanger. Ihr Mann arbeitete seit kurzem als Kaiser. Unterwegs in Italien kam sie öffentlich nieder: im Zelt auf einer Piazza, unter den Augen der Frauen des Ortes. Kein Zweifel: Sie war die Mutter.

Ein Wunderknabe kam so auf die Welt, die er (früh verwaist) später in Staunen versetzte. Des Knaben Mutter sah Dante (*Göttliche Komödie*) als Lichtgestalt, *die mit dem zweiten Sturm aus Schwabenland / den dritten zeugt', umstrahlt vom letzten Glanze.* – In Palermo ruht sie unter einem Dach neben Vater, Gatten und dem mythischen Sohn.

Felix Woerther

Um wen, was oder welchen Ort geht es hier?

Wenn Sie die Lösung wissen, besuchen Sie uns doch im Internet unter **www.merian.de/quiz.** Unter den richtigen Einsendern verlosen wir Monat für Monat attraktive Preise. Viel Glück!

Einkaufen

Keramik, Korbwaren, Kulinarisches: Die Mitbringsel sind hübsch, praktisch oder äußerst schmackhaft.

Auf farbenfrohen Märkten wie der Vucciría (→ S. 35) in Palermo werden kulinarische Köstlichkeiten – und vieles mehr – feilgeboten.

Beim Einkaufsbummel durch Boutiquen wird man feststellen, dass das Preisniveau in Italien inzwischen weitgehend mit Deutschland, Österreich und der Schweiz identisch ist. Wer Wert auf traditionelles sizilianisches Kunsthandwerk legt, wird für die solide gefertigten Waren nicht nur seinen Preis zahlen, sondern manchmal auch lange suchen müssen. Die industrielle Massenproduktion hat allerorts die Märkte erobert. Dies gilt für Keramik genauso wie für Stickereien und die beliebten Marionetten. Schlecht gefertigte Blechritter und die berühmten bemalten Miniaturholzkarren, »carrettini«, sind beinahe an jedem Souvenirstand erhältlich. In der Gegend von Monreale flechten »cannestrari« (Korbmacher) Körbe und Kleinmöbel.

Beliebte und preiswerte Mitbringsel sind die Produkte der heimischen Landwirtschaft: angefangen vom berühmten Wein Corvo di Salaparuta bis hin zum Dessertwein aus Marsala, der auf der Insel vorzugsweise trocken getrunken wird; Whitaker, Martinez und Florio heißen die bekanntesten Marsalakeltereien. Aus der Gegend von Caltanissetta stammt der Amaro Averna, ein süßer, äußerst würziger Kräuterlikör. Als regionale Köstlichkeiten gelten die Kapern von Salina, der fruchtbarsten der Äolischen Inseln. Sehr lecker sind die in Öl eingelegten Tomaten, die auf den Märkten auch im getrockneten Zustand feilgeboten werden. Mehr als die Hälfte der auf Sizilien angebauten Tomaten stammt übrigens aus der Region Scicli. Mit den Spezialitäten der örtlichen »pasticceria« (Konditorei) macht man sich am besten gleich am Urlaubsdomizil vertraut. Überall bekommt man Köstliches aus Marzipan und Mandelkuchen.

Faszinierend sind die sizilianischen Märkte. Man muss noch nicht einmal Palermos berühmte Vuccirìa besuchen, um in das bunte Treiben einzutauchen. In jeder Stadt finden regelmäßig Märkte statt. Abgesehen von den Lebensmitteln gilt es hier wie übrigens auch in zahlreichen anderen Geschäften um den Preis zu feilschen.

Die Geschäfte sind werktags meistens von 9 bis 13 Uhr und 16 bis 19.30 Uhr geöffnet. Fast immer findet sich auch am Sonntagvormittag ein geöffnetes Lebensmittelgeschäft. Bewahren Sie bitte den Kassenzettel (»scontrino«) oder die Quittung (»ricevuta«) auch nach dem Verlassen des Ladens noch eine Weile auf, denn dieser Beleg muss wegen der verschärften Gesetzgebung gegen Steuerhinterziehung auf Verlangen vorgezeigt werden. Hintergrund: Italiener sehen Steuerhinterziehung bisweilen sportlich und kassieren manchmal, ohne einen Kassenbeleg auszudrucken. Der Staat macht Druck auf Kunden, um dies zu verhindern.

Empfehlenswerte Geschäfte und Märkte finden Sie jeweils bei den einzelnen Orten im Kapitel »Unterwegs auf Sizilien«.

MERIAN-Tipp

2 Keramik aus Caltagirone

Die sizilianische Keramikkunst ist ein Erbe der arabischen Epoche. Wobei Caltagirone unbestritten der Titel einer »Keramikhauptstadt« gebührt. Selbst die Fassaden der Häuser sind hier mit farbenfrohen Keramikprodukten geschmückt: Glanzmajolika und Terrakotta zieren Fenster, Balkone, Gesimse und Portale, leuchtendes Gelb, Grün und sattes Blau sorgen für einen sinnlichen Farbenrausch. Mehr als hundert Geschäfte preisen ihre Waren an: wohlgeformte Obstschalen, Teller, Krüge, Lampen und kleine kunstvolle Tonfiguren in aufwendig gestalteten Gewändern. Weitere Keramikzentren sind San Stefano di Camastra an der Nordküste sowie Sciacca an der Südküste.

→ S. 120, B 10

Feste und Events

Spektakuläre traditionelle Prozessionen und Feste zu Ehren der Ortsheiligen bannen und faszinieren.

Dem Glauben und der Tradition tief verbunden: Die Gründonnerstagsprozession ist ein bedeutendes religiöses Fest. Die Teilnehmer – hier in Marsala (→ S. 81) – tragen Tracht.

Vor allem in der Osterzeit finden zahlreiche **Prozessionen** statt, die ihren Ursprung in einer jahrhundertealten, noch immer lebendigen Volksfrömmigkeit haben. So versammeln sich in Acireale, Caltanissetta, Enna und Trápani am Gründonnerstag oder Karfreitag die Gläubigen zu faszinierenden Mysterienprozessionen, ähnlich den spanischen Passionsumzügen. In Piana degli Albanesi werden die Feierlichkeiten im griechisch-orthodoxen Ritus begangen. Weitere bedeutende religiöse Feste gelten dem Inselheiligen San Giuseppe. Palermos größtes Fest wird Mitte Juli zu Ehren der Heiligen Rosalia gefeiert.

Mehrere Feste – wie das Anfang Februar gefeierte folkloristische Mandelblütenfest in Agrigento – gehen auf heidnische Ursprünge zurück. In vielen Dörfern und Städten organisieren die Parteien zudem ihre beliebten Sommerfeste. Ein weiterer Tipp: Wer sich mehr für die sizilianische Volks- und Festkultur interessiert, sollte das Museo Etnografico Siciliano Pitrè (→ S. 35) in Palermo besuchen. Zum Inventar gehören neben Trachten und Marionetten auch bunte sizilianische Karren.

März

Vampe di San Giuseppe
Ein Fest zu Ehren des sizilianischen Inselheiligen San Giuseppe. Unter reger Anteilnahme der Bevölkerung lodern zahlreiche Feuer zum Himmel.
18. März

Ostern

Gründonnerstagsprozession
In Marsala wird Christus' Weg nach Golgatha in fulminanter Weise nachgespielt. Der Christusdarsteller bricht auf dem Weg mehrfach spektakulär zusammen. Ähnliche Prozessionen finden in Érice und Caltanissetta statt.

Karfreitagsprozession in Trápani
Die im äußersten Westen Siziliens abgehaltene Karfreitagsprozession ist mit den spanischen Passionsumzügen verwandt. Männer, die einem Pasolini-Film entsprungen sein könnten, tragen mit Inbrunst zentnerschwere Heiligenfiguren, andere mimen die Leidensstationen Christi.

April

Festa di San Giorgio
Auf der ganzen Insel finden diverse Feierlichkeiten auf dem Dorfplatz zu Ehren des Inselheiligen statt.
23. April

Juli

Taormina Arte
Musikalisches Sommerfestival im atemberaubend gelegenen griechischen Theater von Taormina.
Auskunft: Via Pirandello 31;
Tel. 0 94 22 11 42, Fax 0 94 22 33 48;
www.taormina-arte.com

U fistinu di Santa Rosalia
In Palermo steht bei diesem Fest alles im Zeichen der Stadtheiligen. Die Inselmetropole gleicht einem brodelnden Hexenkessel. Der Höhepunkt des Festes ist eine Prozession, bei der eine Statue der Hl. Rosalia auf einem reich geschmückten Wagen durch Palermo gezogen wird. Am letzten Abend findet am Hafen ein riesiges Feuerwerk statt.
14./15. Juli

August

Palio dei Normanni
In Piazza Armerina wird mit aufwendigen Ritterspielen in historischen Kostümen die Erinnerung an die normannische Befreiung von den Arabern wachgehalten.
13./14. August

September

Festa di Madonna Nera
In Tindári, dem meist besuchten Wallfahrtsort der Insel, ist an diesem Tag die wundertätige Madonna Nera das Ziel der Gläubigen.
8. September

Sport und Strände

Tauchparadiese und Traumbuchten locken genauso wie beeindruckende Berglandschaften.

Den feinsandigen gepflegten Strand bei Mondello (→ S. 37) unweit von Palermo umsäumen die Villen wohlhabender Palermitaner.

Fußball, der italienische Nationalsport, steht bei den Sizilianern ganz oben auf der Beliebtheitsskala – wenn sie auch meist nur Zuschauer sind... Ausgesprochene Wasserratten sind die Inselbewohner übrigens ebenfalls nicht. Zwar verlagert sich im August das Leben in die Badeorte, doch steht die Geselligkeit und weniger der Wassersport im Vordergrund. Wer der sommerlichen Hitze entfliehen will, kann ohnehin auch eine Wanderung durch die Hügellandschaft der Madonie unternehmen.

Angeln

Für das Angeln in Seen und Flüssen braucht man einen örtlichen Angelschein. Weitere Informationen halten die regionalen Informationsbüros bereit. Das Fischen im Meer ist ohne besondere Einschränkungen gestattet.

Bergsteigen und Wandern

Für ausgedehnte Wandertouren empfiehlt sich die Erkundung der Monti Nébrodi sowie der Madonie im Nordwesten der Insel. Besonders eindrucksvoll ist die Besteigung des Vulkans Strómboli und eine Ätnatour – wobei vor allem Letztere ohne ortskundigen Führer lebensgefährlich ist. Weitere Auskünfte:

Club Alpino Italiano

→ Umschlagkarte hinten, c 1

Via Paolo Paternostro 43, 90100 Palermo; www.cai.it; Tel. 0 91 58 13 23

Ski fahren

Zum Ski fahren nach Sizilien!? Dies ist kein Scherz. Im Winter kann man am Ätna in höheren Lagen bequem Ski laufen. An der Nordseite des Vulkans stehen Lifte, präparierte Pisten und Skischulen für Winterurlauber bereit. Ein weiteres kleineres Skigebiet befindet sich in der Madonie.

Tauchen

Sizilien ist geradezu ein Paradies für Taucher. Die zahlreichen felsigen Küstenabschnitte versprechen gute Voraussetzungen – auch für das Schnorcheln. Ideale Bedingungen bieten die kleineren Inseln, vor allem Ústica (→ MERIAN-Tipp, S. 36)

Tennis

In den Ferienorten, nahe Hotels der gehobenen Mittelklasse und komfortablen Campingplätzen finden Urlauber Spielmöglichkeiten.

Windsurfen

Sizilien ist zwar kein Surferparadies für Profis – dafür wehen die Winde nicht stark genug. Doch für den Durchschnittssurfer reichen sie allemal. In den meisten Touristenorten werden Surfkurse angeboten und Bretter verliehen.

Strände

Sizilien hat dank seiner geografischen Lage den großen Vorteil, dass die Badesaison mehrere Monate währt. Bereits Mitte Mai erreicht die Wassertemperatur die Zwanzig-Grad-Marke. Dass Sizilien auf einer Höhe mit Nordafrika liegt, merkt man an der Südküste. So ist an allen schönen und ausgedehnten Sandstränden das Baden noch Anfang November möglich. An der Westküste zwischen Trápani und Marsala gibt es leider kaum Strände, die zum Baden einladen. Anders die Ägadischen Inseln im Westen. Diese können sich ebenso wie die anderen Sizilien vorgelagerten Inseln ihrer hervorragenden Wasserqualität rühmen. Da viele Inseln vulkanischen Ursprungs sind, bleibt einem der Bau einer Sandburg aber leider verwehrt.

Von den mehr als 1200 Küstenkilometern sind nicht alle zum Baden geeignet. Einerseits verwehren steil aufragende, unzugängliche Küstenabschnitte den Zugang, andererseits ist vom Baden in der Industrieregion zwischen Palermo und Términi Imerese sowie bei Milazzo im Norden der Insel aus gesundheitlichen Gründen abzuraten. Und auch die Ostküste ist alles andere als ein Badeparadies. Abgesehen von dem regen Schiffsverkehr in der Straße von Messina ist die zwischen Augusta und Siracusa heimische chemische Industrie für die starke Wasserverschmutzung verantwortlich. Im Süden sollte man Gela und Porto Empédocle meiden.

Castellammare del Golfo → S. 116 C1
Der Strand in der Hafenbucht ist nur bedingt zu empfehlen. Wesentlich sauberer und leerer sind die ausgedehnten Strände östlich des Ortes, die man aber größtenteils nur zu Fuß erreichen kann.

Capo Calavà → S. 121, D7
Zwischen einem mächtigen Felsklotz und Gioiosa Marea liegt eine breite Kiesbucht, die mit einer hervorragenden Wasserqualität und schönen Naturszenerie Badende begeistert. Ein ideales Revier für Taucher.

Cefalù → S. 118, A7
Kein anderer Strand Siziliens besitzt ein ähnlich aufregendes Panorama. Wenn die Stadt mit ihrem Normannendom vor dem mächtigen Felsmonolith im Sonnenlicht glänzt, könnte man sogar fast das Meer vergessen. Ein weiteres Plus: Der Strand von Cefalù wird hervorragend gepflegt! Achtung: Bei hohem Wellengang kann es zu gefährlichen Strömungen kommen.

Eraclea Minoa → S. 117, E4
Der weiße, lang gestreckte Sandstrand vor den Kreidefelsen von Eraclea Minoa genießt einen hervorragenden Ruf. Selbst in der Hochsaison ist er nicht überfüllt, da sich der Strand über zehn Kilometer bis nach Siculiana Marina erstreckt. Die honiggelben Strände und das türkisfarbene Wasser sind ein Traum. Die idyllische Szenerie hat jedoch einen kleinen Makel: Durch Strömungsänderungen werden immer wieder Teile des Sandes vom Meer abgetragen, so dass der Strand immer schmaler wird.

Favignana → S. 116, A2
Sandstrände findet man auf Favignana zwar nicht sehr häufig, eine schöne Bucht aber mit einem schmalen Sandstreifen ist die Cala Azurra an der Südküste.

Fontane Bianche → S. 121, E10
Die Bucht von Fontane Bianche zählt zu den schönsten Stränden im Südosten der Insel. Da die Syrakuser ihn als Hausstrand betrachten, drängen sich die Sonnenanbeter im August und an den Wochenenden allerdings dicht an dicht. Große Teile des Sandstrands sind in der Hand von »stabilimenti« (gebührenpflichtige Badeanstalten). Mehrere Kilometer weiter westlich schließen sich unberührtere Strände an.

Lípari/Äolische Inseln → S. 118/119, BE 5-6
Rund um Lípari und die anderen Äolischen Inseln ist das Baden und Tauchen eine wahre Freude. Denn das Wasser ist klar und sauber – auch die Unterwasserflora gedeiht hier noch prächtig.

Marina di Ragusa → S. 120, C11
Zwischen Marina di Ragusa und Marina di Módica erstrecken sich kilometerlange Sandstrände. Es gibt auf Sizilien sicher schönere Badeplätze, doch sind die Strände hier im Süden touristisch so gut wie unerschlossen.

Marinella di Selinunte → S. 116, C3
Nahe dem freundlichen, kleinen Hafenstädtchen liegen zwei nette Sandstrände. An den östlichen und schöneren von beiden grenzt ein lauschiges Pinienwäldchen, das im Sommer aber leider von Picknickabfällen verdreckt ist. Wer etwa einen Kilometer weit am Strand entlang läuft, ist allerdings so gut wie ungestört.

Mondello → S. 117, D1
Zwar macht die Bucht im Villenvorort von Palermo einen schönen Eindruck,

doch ist es mit der Wasserqualität nicht zum Besten bestellt – Palermo ist allzu nah.

Oliveri → S. 119, D 7

Unterhalb der antiken Stadt Tyndaris liegen traumhaft schöne weiße Sandstrände, die am leichtesten von dem Ort Oliveri aus zu erreichen sind. Man muss zwar eine knappe Stunde Fußmarsch in Kauf nehmen, doch es lohnt sich. Aber auf jeden Fall Sonnenschutz und Getränke mitbringen!

Panarea → S. 119, D5

Panarea, die kleinste der Liparischen Inseln, besitzt mehrere schöne Strände. Besonders idyllisch ist die von bizarr geformten Felsen eingerahmte Cala Junco.

Riserva Naturale dello Zingaro → S. 116, C 1

Mehrere verträumte Buchten mit glasklarem Wasser reihen sich entlang der Küste des ältesten Naturparks der Insel (→ MERIAN-TopTen, S. 94). Im Hochsommer sind die kleinen Steinstrände aber leider etwas überfüllt.

San Leone → S. 117, E 4

Der Badeort bei Agrigento besitzt ausgedehnte Sandstrände. Künstliche Wellenbrecher sorgen dafür, dass auch Kleinkinder problemlos in Strandnähe spielen können.

San Vito lo Capo → S. 116, C 1

Der Badeort am Capo San Vito wird gerne von Familien mit Kindern besucht. Die Strände sind sauber und die Wasserqualität ist ausgezeichnet (→ MERIAN-Tipp, S. 79).

Taormina → S. 119, E 8

Die Strände des zu Taormina gehörenden Badeorts Mazzarò sind überfüllt und fast ausschließlich von dem Mobiliar gebührenpflichtiger Badeanstalten besetzt. Ruhiger geht es hingegen in Letojanni zu.

Die Küste rund um Lípari (→ S. 43) fällt vielerorts steil und zerklüftet ab.

Familientipps – Hits für Kids

Marionettenspiele mit traditionellen Puppen erfreuen Ältere wie Jüngere gleichermaßen.

Traditionelles Marionettenspiel gibt es fast nur noch im Museum zu sehen. Die Marionettenpuppen sind ein beliebtes Mitbringsel.

Auch abseits der Strände finden Kinder auf Sizilien ein abwechslungsreiches Betätigungsfeld. Dabei ist Eigeninitiative gefordert, denn die sprichwörtliche Kinderliebe der Italiener macht sich nicht beim Bau von Kinderspielplätzen bemerkbar. Ein Bootsausflug zu einer der kleinen Inseln bietet eine willkommene Abwechslung. Dabei sind die langsameren und günstigeren Fähren den Tragflügelbooten vorzuziehen, denn sie bieten ein größeres Maß an Bewegungsfreiheit. Kulturhistorisch interessierte Eltern haben es nicht immer leicht, denn in der Gemäldegalerie oder im Archäologischen Museum fängt der Nachwuchs oft besonders schnell an zu nörgeln. Spannender ist da ein Besuch der Nekropolen von Pantálica (→ MERIAN-Tipp, S. 74), wo man inmitten einer äußerst reizvollen Landschaft zahllose Höhlen entdecken kann. Apropos Höhlen: In der Ausgrabungsstätte von Siracusa sollte man im »Ohr des Dionysios« die Echowirkung erproben (→ S. 72).

Castellana Park

→ S. 120, C 11

Die mit Abstand größte und einfallsreichste Badelandschaft Siziliens wurde an der Südküste unweit von Ragusa geschaffen. Wagemutige können sich auf zwei Riesenrutschen und einer Breitrutsche ins kühle Nass hinabstürzen. Ein geruhsameres Tempo haben die Wassermassen in einem künstlichen Flusslauf der Anlage. Zum Schwimmen gibt es eine schön geformte Lagune. Ausreichend Liegeflächen zum Entspannen sind auch vorhanden. Ein Restaurant, eine Pizzeria und zwei Bars sorgen fürs leibliche Wohl der Besucher. Der Aufenthalt ist zwar nicht gerade billig, doch bietet der Park viel Abwechslung.

Marina di Ragusa; Mitte Mai–Ende Sept.; Eintritt 14 €, Kinder von 3–10 Jahren 12 €, in der Hochsaison (Mitte Juli–Anfang Sept.) zahlen Personen über 10 Jahre 18 €, Kinder von 3–10 Jahren 14 €; www.castellanapark.com

MERIAN-Tipp

3 Parco Zoo di Sicília

Am südlichen Rand des Ätna, zwischen Paternò und Belpasso, hält der Parco Zoo di Sicília (Etnaland) nicht nur für Kinder und Jugendliche zahlreiche Attraktionen bereit. Die 35 ha große Parklandschaft ist unterteilt in einen zoologischen Garten, einen Safaribereich und einen Prähistorischen Park. Zur Safari, für die man allerdings einen Aufpreis bezahlen muss, startet man mit einer 2 km langen Seilbahn, die eine gefahrlose Betrachtung von Löwen, Tigern und anderen Wildtieren aus luftiger Höhe ermöglicht.

Tgl. außer Mi 9–19 Uhr; Eintritt 8,50–20 €, Kinder bis 140 cm 5.50–10 € (je nach Saison), Kinder bis 100 cm frei!

→ S. 121, D 9

Castello Eurίalo

→ S. 121, E 10

Die mächtige, nördlich von Siracusa gelegene Festungsanlage besitzt ein ausgedehntes Netz unterirdischer Gänge, die für den kindlichen Entdeckungsdrang wie geschaffen sind. Die in den Fels geschlagenen Gänge ermöglichten es den Griechen einst, ihre Soldaten vom Feind unbemerkt in der Festung agieren zu lassen.

Tgl. von 9 Uhr bis eine Stunde vor Sonnenuntergang; Eintritt frei

Museo Internazionale delle Marionette

→ Umschlagkarte hinten, f 4

Palermos Marionettenmuseum, die größte Sammlung Siziliens, genießt bei großen und kleinen Verehrern dieser Kunst ein hohes Ansehen. Besonders dann, wenn hin und wieder abends Vorführungen stattfinden, die in der schönen Tradition der sizilianischen Opera dei Pupi stehen.

Via Butera 1; Tel. 0 91 32 80 60; Mo–Fr 10–13 und 15.30–18.30 Uhr; Eintritt 5 €, ermäßigt 3 €

Unterwegs auf Sizilien

Die atmosphärische Altstadt von Siracusa (→ S. 68), die stark vom Barockstil geprägt ist, wurde bereits in der Antike auf der Insel Ortigia erbaut.

Sizilien ist vielfältiger und bunter als das übrige Italien. Die größte Insel des Mittelmeeres ist archaisch, reich an Mythen, Tradition und antiker Kunst. Und spannend an jeder Ecke.

Palermo und die Nordküste

Im lebhaften Palermo vermuten Reisende kaum verträumte Bergdörfer in so unmittelbarer Nähe.

Hafenidylle in der hektischen Inselmetropole Palermo, die sich von einer lang gestreckten Meeresbucht bis weit ins Hinterland ausdehnt.

Die Nordküste, an der auch Palermo liegt, gehört zu den abwechslungsreichsten Landschaften Siziliens. Neben schönen Badebuchten begeistern die Madonie und die Nébrodi, zwei bis auf 2000 m ansteigende, parallel zur Küste verlaufende Gebirgszüge. Dicht bewaldet und spärlich besiedelt, empfehlen sich die Gebirge für ausgedehnte Wanderungen, auf denen sich verträumte Bergdörfer wie Castelbuono, Póllina oder Castroreale entdecken lassen. Das Glanzstück der Nordküste ist allerdings das Städtchen Cefalù mit seiner märchenhaften Kulisse: Hinter dem majestätischen Normannendom erhebt sich die Rocca di Cefalù (→ S. 92), ein markanter Felsmonolith, dessen griechische Bezeichnung – Kephalos für »Haupt« – dem Ort seinen Namen gab.

Palermo

→ S. 117, E 1

730 000 Einwohner
Stadtplan → Umschlagkarte hinten

Geliebt und gehasst – aber wer Palermo nicht gesehen hat, kennt Sizilien nicht. Siziliens pulsierende Metropole erstreckt sich an einer lang gestreckten Bucht. Palermo ist ein gigantischer Moloch, der sich weit in das Umland hineingefressen hat. Einerseits geht die Stadt im Verkehrslärm unter und erstickt in den Abgasen; blinde Fensterhöhlen und bröckelnde, rußgeschwärzte Fassaden erinnern beständig an den sich fortsetzenden Verfall des historischen Zentrums. Besonders in den Abendstunden, wenn sich die Straßen leeren, fällt auf, dass immer weniger Menschen in der Altstadt wohnen. Andererseits besitzt Palermo trotz des kulturellen Raubbaus unendlich viele sehenswerte Kirchen und Paläste. Und immer aufs Neue hat die Stadt pittoreske Straßenszenen zu bieten. Den orientalisch anmutenden Bazaren folgen an der nächsten Straßenecke wieder schicke Boutiquen. Palermo ist eine Stadt zum Eintauchen. Man muss sich nur treiben lassen, um sie zu entdecken.

Das von den Phöniziern als Handelsniederlassung gegründete Palermo stieg unter der arabischen Herrschaft nicht nur zum Zentrum Siziliens auf, sondern zu einer der bedeutendsten Städte des gesamten Mittelmeerraumes. Damals soll es mehr Moscheen als heute Kirchen gegeben haben. Exotische Früchte und Gewürze fanden über Palermos Märkte ihren Weg nach Europa. Unter den Normannen konnte Palermo seine Vorrangstellung weiter ausbauen und wurde zu einem einzigartigen Schmelztiegel arabischer, jüdischer, byzantinischer und abendländisch-christlicher Kultur. Kein Geringerer als der Staufer Friedrich II. wuchs als Waise in den Straßen Palermos auf. Seine für einen Herrscher jener Zeit so bemerkenswert universale Bildung scheint in dem einzigartigen Kulturgemisch ihren Ursprung gehabt zu haben. Der verwinkelte Straßenverlauf weist noch heute auf die arabischen Wurzeln »Balármuhs« hin. Erst vor rund 400 Jahren, während der spanischen Epoche, wurden zwei Schneisen im rechten Winkel durch das Häusergewirr geschlagen. Zeitgleich hielt die Gegenreformation gewaltsam Einzug in Palermo, und die jahrhundertelange sizilianische Toleranz gegenüber religiösen Minderheiten endete.

Hotels/andere Unterkünfte

Centrale Palace

→ Umschlagkarte hinten, c 4

Gleich in der Nähe der Kathedrale gelegen, empfiehlt sich das renovierte Hotel als stilvolle Unterkunft. Die hohen Räume und Säulen erinnern daran, dass das Haus als Adelspalast erbaut worden ist.

Corso Vittorio Emanuele 327; Tel. 0 91 33 66 66, Fax 33 48 81; www.centralepalacehotel.it; 61 Zimmer
●●●● CREDIT ♿

Grand Hotel Villa Igiea
····› Umschlagkarte hinten, nordöstl. e 1
Ohne Frage eines der schönsten Hotels Siziliens. Vom Jugendstilmobiliar bis zum Service lässt die Villa Igiea keine Wünsche offen. Mit weitläufigem Park und Schwimmbad.
Salita Belmonte 43; Tel. 09 16 31 21 11, Fax 0 91 54 76 54; www.acquamarcia.it; 218 Betten ●●●● CREDIT ♿

Letizia ····› Umschlagkarte hinten, e 4
Nach einer umfangreichen und geschmackvollen Renovierung gehört das zentral gelegene Hotel zu den empfehlenswertesten Unterkünften in dieser Preisklasse.
Via Bottai 30; Tel./Fax 0 91 58 91 10; www.hotelletizia.com; 28 Betten ●●
AmEx MASTER VISA

Sausele ····› Umschlagkarte hinten, südwestl. c 6
Das für seine Preisklasse sehr gepflegte Hotel liegt in der Nähe des Bahnhofs. Garage gegen Aufpreis.
Via Vincenzo Errante 12; Tel. 09 16 16 13 08, Fax 09 16 16 75 25; www.hotelsausele.it; 62 Betten ●●
AmEx MASTER VISA

Spaziergang

Palermo im Rahmen eines einzigen Spaziergangs zu erkunden ist ein schwieriges Unterfangen, da die Sehenswürdigkeiten über die gesamte Stadt verteilt sind. Auf der hier beschriebenen Strecke, für die Sie je nach Laune und Besichtigungsprogramm einen halben bis ganzen Tag benötigen, kommen Sie an einigen der wichtigsten Bauwerke vorbei.

Die **Porta Nuova**, im 16. Jh. zur Erinnerung an den siegreichen Feldzug Kaiser Karls V. gegen Tunis errichtet, ist ein würdiges Eingangstor zur größten Stadt Siziliens. Das Tor schließt sich direkt an den **Palazzo dei Normanni** an, dessen Hauptattraktion die **Cappella Palatina** ist. Nur einen Steinwurf entfernt steht die Kirche **San Giovanni degli Eremiti** etwas versteckt in einem Park. Durch den kleinen Park Villa Bonanno gelangt man zur **Cattedrale**.

Dem viel befahrenen und lauten Corso Vittorio Emanuele nach Norden folgend, stößt man auf die **Quattro Canti**. Dieser von vier sich gleichenden, konkav gewölbten Häuserfassaden begrenzte Platz liegt am Schnittpunkt der Hauptverkehrsstraßen. Er wurde zu Beginn des 17. Jh. vom römischen Architekten Giulio Lasso gestaltet. Nun bietet sich der Besuch eines nahe gelegenen Marktes, beispielsweise des **Ballarò** oder der **Vucciría**, an. Wer noblere Geschäfte vorzieht, schlendert am klassizistischen **Teatro Massimo** vorbei zur Via Ruggero Settimo. Die Straße endet an der Piazza Castelnuovo; dort befindet sich auch die **Galleria d'Arte Moderna**.

Auf dem Rückweg über die Via Roma lohnt ein Abstecher zum rechter Hand gelegenen **Museo Archeologico Regionale**. Von den Anstrengungen erholt man sich am besten zwischen den exotischen Pflanzen des **Orto Botanico** oder im angrenzenden Stadtpark **Villa Giulia**.

Inmitten eines exotischen Gartens liegt die Kirche San Giovanni degli Eremiti.

Sehenswertes

Castello della Zisa
····› Umschlagkarte hinten, westl. a 2
Das kleine, einst von einem Park umgebene normannische Lustschlöss-

MERIAN-Tipp

4 San Giovanni degli Eremiti

Die kleine, von fünf roten Kuppeln gekrönte Kirche liegt inmitten eines wunderschönen Gartens. Der viereckige Bau ist ein faszinierendes Beispiel für die Vermischung islamischer und christlicher Architektur. Sein Inneres ist äußerst schlicht gehalten. Der von exotischen Pflanzen umgebene Kreuzgang aus dem 13. Jh. vermittelt eine märchenhafte Atmosphäre, die nur gelegentlich vom Ansturm der Besucher gestört wird.

Via dei Benedettini; tgl. 9–19, So 9–13 Uhr; Eintritt 6 €

····› Umschlagkarte hinten, a 5

chen stammt aus der zweiten Hälfte des 12. Jh. Deutlich sind hier die arabischen Einflüsse zu erkennen.

Piazza Guglielmo il Buono; Mitte Mai–Mitte Nov. tgl. 9–19 Uhr; Eintritt 3 €

Cattedrale

····› Umschlagkarte hinten, b 4

Ein Konglomerat mehrerer Stilepochen: Den Grundstein legten die Normannen im Jahre 1185. Der Chor und die Apsiden entsprechen noch weitgehend dem ursprünglichen Bau. Im Laufe der Jahrhunderte erfolgten diverse Umbauten, beispielsweise an der Fassade, die von einem auffallend schönen gotisch-katalanischen Portal geziert wird. Am einschneidendsten waren die klassizistischen Veränderungen des Innenraumes, zeitgleich erhielt die Kathedrale eine stilistisch unpassende Kuppel. Kunsthistorisch bedeutsam sind die vier Sarkophage mit den sterblichen Überresten Rogers II. und seiner Tochter Konstanze sowie Friedrichs II. und seines Vaters Heinrich VI. Die vier Porphyr-Sarkophage stehen im rechten Seitenschiff.

Corso Vittorio Emanuele; tgl. 9.30–17 Uhr; Eintritt 2,50 €

Convento dei Cappuccini

····› Umschlagkarte hinten, westl. a 3

Ein Besuch der Katakomben ist ein makabres Erlebnis und daher sicherlich nicht jedermanns Sache. In den Kellerräumen des Kapuzinerklosters wurden bis 1881 rund zwei Jahrhunderte lang Angehörige der Oberschicht mumifiziert und teilweise ohne Särge bestattet. Manche wurden direkt an der Wand befestigt, wo sie in ihren mittlerweile zerschlissenen Gewändern an die Vergänglichkeit erinnern, andere liegen in offenen Särgen. Berühmt ist der hervorragend konservierte Leichnam der zweijährigen Rosalia.

Piazza Cappuccini; tgl. außer So 9–12 und 15–17 Uhr; Eintritt frei (Zwangsspende 2 €)

Orto Botanico

····› Umschlagkarte hinten, e 6

Palermos weitläufiger Botanischer Garten mit Pflanzen aus aller Welt zählt zu den schönsten Europas. Gleich nebenan schließt sich der Stadtpark **Villa Giulia** an, der bereits Goethe begeisterte.

Via Lincoln 2b; Mo–Fr 9–18, Sa und So 9–13 Uhr; Eintritt 3,50 €

Palazzo Chiaramonte

····› Umschlagkarte hinten, e 4

Der mittelalterliche Palast, eines der schönsten gotischen Bauwerke Palermos, zeugt vom Selbstbewusstsein des sizilianischen Adels. Leider muss man sich damit begnügen, ihn von außen in Augenschein zu nehmen.

Piazza Marina 61

Palazzo dei Normanni und Cappella Palatina

····› Umschlagkarte hinten, ab 4-5

Da der Normannenpalast Sitz der sizilianischen Regierung und des Parlamentes ist, kann er größtenteils nur von außen besichtigt werden. Der Palast wurde im 9. Jh. von den Arabern errichtet, von den Normannen erweitert und später mehrfach umge-

Die Cappella Palatina im Normannenpalast zeigt die kostbarsten Mosaiken Siziliens.

baut. Die Hauptsehenswürdigkeit ist die **Cappella Palatina**. Die Freude an dem architektonischen Juwel kann in der Hauptreisezeit, wenn sich Touristen zu hunderten in der Kapelle aufhalten, getrübt sein. Die ursprünglich freistehende Kapelle ist von relativ bescheidenem Ausmaß, aber umso reicher mit prachtvollen Mosaikzyklen und Ornamenten verziert. Zur Ausstattung zählt neben dem Thron Rogers II. auch die einzige erhaltene normannische Kanzel Siziliens.

Piazza Indipendenza; Mo–Sa 8.30–12 und 14.30–17, So 8.30–14 Uhr; Eintritt 6 €

Museen

Galleria d'Arte Moderna

⇢ Umschlagkarte hinten, d 1

Im Gebäude des Teatro Politeama Garibaldi, einem klassizistischen Theaterbau, präsentiert die städtische Kunstsammlung Gemälde der letzten 200 Jahre. Zu den wertvollsten Ausstellungsstücken zählt ein Selbstbildnis des sizilianischen Malers Renato Guttuso.

Via Filippo Turati 10; Di–Sa 9–20, So 9–13 Uhr; Eintritt 5 €

Galleria Regionale della Sicília

⇢ Umschlagkarte hinten, ef 5

Dieses in einem gotischen Palazzo untergebrachte Kunstmuseum birgt sizilianische Gemälde und Plastiken aus der Zeit des 11. bis 17. Jh. Schwerpunkt bildet die Kunst der Gotik und der Renaissance.

Via Alloro 4; Mo–Fr 9–13 und 14.30–19, Sa–So 9–13 Uhr; Eintritt 6 €

Museo Archeologico Regionale »Antonio Salinas«

⇢ Umschlagkarte hinten, d 2

Das archäologische Museum von Palermo zählt zu den bedeutendsten Sammlungen Italiens. Es erstreckt sich auf zwei Stockwerke. Die Funde aus phönizischer, griechischer und römischer Zeit stammen aus allen Teilen Siziliens. Leider werden die kostbaren Kulturschätze sehr langweilig präsentiert, zudem fehlen Informationen und Beschriftungen. Dafür ist das Museum – ein ehemaliges Kloster mit Kreuzgang – eine herrliche Oase der Ruhe.

Piazza Olivella; Di–Fr 8.30–14 und 14.30–18.45, Sa–Mo 8.30–13.45 Uhr; Eintritt 6 €

Museo Etnografico Siciliano Pitrè

⇢ Umschlagkarte hinten, nordwestl. e 1

In einer luxuriösen Villa im chinesischen Stil sind zahlreiche Zeugnisse sizilianischer Volkskunde zusammengetragen. Die umfangreiche Dauerausstellung zeigt unter anderem Karren, Marionetten und Trachten.

Viale Duca degli Abruzzi 1; Di–Sa 9–19.30, So 9–12.30 Uhr; Eintritt 5 €

Museo Internazionale delle Marionette

⇢ Umschlagkarte hinten, f 4

Ein Muss für Liebhaber des sizilianischen Marionettentheaters. Die Sammlung umfasst nicht nur Marionetten, sondern auch orientalische Schattentheaterfiguren. Gelegentlich finden auch Vorführungen statt.

Via Butera 1; Mo–Fr 10–13 und 15.30–18.30 Uhr; Eintritt 5 €, erm. 3 €

Essen und Trinken

Alla Fermata di Porta

⇢ Umschlagkarte hinten, c 3

Ansprechendes Restaurant beim Mercato del Capo mit täglich wechselnder Speisekarte.

Via Volturno 108; Tel. 0 91 58 60 24; So, Mo–Mi abends geschl. ●●● MASTER VISA AmEx

Dal Maestro del Brodo

⇢ Umschlagkarte hinten, d 4

Bei Marktleuten beliebte Trattoria mit großer Auswahl an Vorspeisen. Ungewöhnlich: Linguine mit Seeigeln.

Via Pannieri 7; Tel. 0 91 32 95 23; Fr und Sa auch abends geöffnet, So und im Jan. geschl. ●● MASTER VISA

Shanghai

⇢ Umschlagkarte hinten, d 4

Nicht etwa ein chinesisches, sondern ein typisch palermitanisches Restaurant. Das Flair auf der Terrasse ist einmalig, da sie direkt über dem lebhaften Vucciría-Markt thront.

Vicolo dei Mezzani 34; Tel. 0 91 58 97 02; So geschl. ●●

Antica Focacceria San Francesco

⇢ Umschlagkarte hinten, d 4

Gegenüber der Kirche San Francesco d'Assisi wird man im Jugendstilinterieur auf einfache Weise verwöhnt. Zahlreiche Palermitaner suchen zu allen Tageszeiten den traditionsreichen Imbiss auf. Focacce sind übrigens pikant gefüllte Teigkrapfen.

Via Alessandro Paternostro 58; Tel. 0 91 32 02 64; Mo geschl. ●

Caffè Mazzara

⇢ Umschlagkarte hinten, c 2

Allein die Tatsache, dass Tomasi de Lampedusa hier an seinem »Leoparden« geschrieben hat, sollte Grund genug für einen Besuch sein. Man weiß im Caffè Mazzara aber auch köstliches Gebäck und »gelato« (Eis) zuzubereiten.

Via Generale Magliocco 15

Stella ⇢ Umschlagkarte hinten, d 5

→ MERIAN-Tipp, S. 15

Einkaufen

Märkte

Die **Vucciría** (⇢ Umschlagkarte hinten, d 4) ist einer der schönsten Märkte des Mittelmeerraumes. Zwischen der Via Roma und dem Hafen entdeckt man Palermos arabische Wurzeln. Die Angebotspalette reicht von Gewürzkräutern über fangfrischen Fisch bis hin zu ausgenommenen, noch nicht gehäuteten Lämmern. Doch die Vucciría, auf der von Montag bis Samstag Verkaufsgedränge herrscht, ist nicht der einzige sehenswerte Markt Palermos. Der **Ballarò** (⇢ Umschlagkarte hinten, c 5) zwischen dem gleichnamigen Platz und der Piazza del Carmine – steht an Vielfalt kaum nach. Auf dem **Capo** (⇢ Umschlagkarte hinten, c 3), der entlang der Via Sant' Agostino verläuft, wird neben Lebensmitteln auch Kleidung feilgeboten. Antiquitäten und Nippes finden Sie auf dem **Mercato delle Pulci** (⇢ Umschlagkarte hinten, b 3) nördlich der Via Papireto.

Am Abend → S. 117, D 1
Für Nachtschwärmer empfiehlt sich ein Ausflug in den Vorort **Mondello,** den auch Nachtbusse ansteuern. Zahlreiche Bars und Diskos garantieren reichlich Stimmung.

Service

Auskunft

AAPIT → Umschlagkarte hinten, c 1
Piazza Castelnuovo 35, 90141 Palermo; Tel. 09 16 05 81 11, Fax 0 91 58 63 38; www.palermotourism.com

Flughafen → S. 117, D 1
Der Flughafen Falcone-Borsellino liegt 32 km westlich von Palermo.
Tel. 8 00 54 18 80

Goethe-Institut
→ Umschlagkarte hinten, e 1
Paolo Gili 4; Tel. 0 91 652 86 80

MERIAN-Tipp

5 Ústica

Die »schwarze Perle des Tyrrhenischen Meeres«, wie die Insel gerne genannt wird, ist dank ihres glasklaren Wassers und des Fischreichtums ein Taucherparadies. Schutzmaßnahmen sorgen für den Erhalt der Unterwasserwelt. Um die Insel erstreckt sich ausschließlich Steilküste. Ústica ist vulkanischen Ursprungs und hat daher sehr fruchtbare Böden. Typisch für den an der Nordküste gelegenen Inselhauptort Ústica sind die bunt bemalten Häuser. Schön ist die Rundwanderung um die Insel, der Weg führt an der Küste entlang. Anreise: Im Sommer legen täglich mehrere Autofähren und Tragflügelboote von Palermo ab, den Rest des Jahres mehrmals wöchentlich. In der Hauptsaison fahren täglich Ausflugsboote von Castellammare del Golfo ab. → S. 116, A 1

Ziele in der Umgebung

Bagheria → S. 117, E 1

35 000 Einwohner

Bagheria war bis weit ins 19. Jh. ein beliebter Aufenthaltsort palermitanischer Adelsfamilien, die sich hier zahlreiche prächtige Barockvillen errichten ließen. Mittlerweile sind die meisten Villen stark verfallen, die ausgedehnten Gärten verschwunden. Die Zerstörung der historischen Bausubstanz durch mafiose Bauunternehmer hat die hier aufgewachsene Schriftstellerin Dacia Maraini in ihrer Erzählung »Bagheria« (Piper Verlag) vehement angeprangert.
18 km von Palermo

Sehenswertes

Solunto
Die Ruinen des antiken Solunto liegen auf einem zum Meer hin geneigten Hügel im Norden von Bagheria. Von den Puniern gegründet, entwickelte sich Solunto im Römischen Reich zu einer der bedeutendsten Städte Siziliens. Links und rechts der gepflasterten Hauptstraße erstrecken sich die Grundmauern mehrerer stattlicher Wohnhäuser, der ehemaligen Agora und eines Theaters. In dem Eingangsgebäude kann man in einem Museum einen kleinen Teil der Ausgrabungsfunde besichtigen.
Tgl. 9–18, So bis 14 Uhr, im Winter 9–16 Uhr; Eintritt 2 €

Villa Cattolica
In der Villa Cattolica, einem prachtvollen Barockpalast, befindet sich das **Museo Renato Guttuso,** das der zeitgenössischen Kunst gewidmet ist.
Tgl. außer Mo 9.30–18 Uhr; Eintritt 4,50 €

Villa Palagonia
Die berühmteste Villa Bagherias (1705) ist wegen ihrer grotesken Figuren ein beliebtes Ausflugsziel. Goethe konnte sich für den eigenwilligen Skulpturenschmuck der Villa Palago-

nia zwar nicht erwärmen – aber die Zeiten und Geschmäcker ändern sich ja bekanntlich.
www.villapalagonia.it; tgl. 9–13 und 16–19 Uhr; Eintritt 4 €

Mondello

S. 117, D 1

Das nördlich des Zentrums von Palermo gelegene ehemalige Fischerdorf ist der beliebteste Badeort der Palermitaner. Im Sommer pilgert die halbe Stadt nach Mondello, um sich in den gepflegten, aber überfüllten Strandbädern zu vergnügen. Die reizvolle Uferpromenade und die zahlreichen großzügigen Villen verleihen Mondello ein mondänes Flair. Distinguiert wirkt auch eine auf Stützpfeilern ins Meer hineinragende Jugendstilbadeanstalt, die der belgische Architekt Jean Monard errichtete.
10 km von Palermo

Monreale

S. 117, D 1

25 000 Einwohner

Das auf einem Hügel gelegene Städtchen blickt auf die oft dunstverhangene Metropole hinunter. Mit dem Normannendom und dem benachbarten Kreuzgang besitzt Monreale zwei besondere kunsthistorische Juwele.
10 km von Palermo

Sehenswertes

Duomo
Der Normannenkönig Wilhelm II. erteilte 1174 den Auftrag zum Bau dieser Kathedrale. In rund zwei Jahrzehnten entstand dieses wohl herausragendste Bauwerk der normannischen Epoche. Grund für den Bau eines repräsentativen Doms so nah bei der Bischofsstadt Palermo war ein Streit um den Herrschaftsanspruch zwischen Wilhelm II. und dem Papst. Die prächtigen Portale und die Fassade der Ostapsiden geben bereits einen Vorgeschmack von der Innenausstattung der dreischiffigen Kathedrale, deren kunsthistorische Bedeutung vor allem auf den einzigartigen **Mosaikzyklen** beruht, die Szenen des Alten und Neuen Testaments zeigen. Die aufwendig gearbeiteten Mosaike stellen eine der vollständigsten Bilderbibeln des Mittelalters dar.
Tgl. 9–19 Uhr; Eintritt frei (Schatzkammer 2,50 €)

Mehr als 200 dieser skurrilen Figuren säumten einstmals die Villa Palagonia in Bagheria.

Der Dom von Monreale besticht durch seine kunstvolle Innenausstattung.

Kreuzgang (Chiostro)
Der originalgetreu erhaltene Kreuzgang von Monreale – er gehört zu dem an die Kathedrale angrenzenden Benediktinerkloster – zählt zu den schönsten der Welt. Der Kreuzgang schließt einen großen Hof mit einer Seitenlänge von jeweils 47 m ein. Die 228 unterschiedlich gestalteten Kapitelle markieren den Höhepunkt der sizilianischen Bildhauerkunst.
Tgl. 9–19 Uhr; Eintritt 6 €

Monte Pellegrino

→ S. 117, D 1

Der heilige Berg Palermos, ein 606 m hoher Kalksteinfelsen, prägt die Meeresbucht von Siziliens Hauptstadt. Allerdings gehört heute viel Fantasie dazu, den Berg für das »schönste aller Vorgebirge der Welt« anzusehen – so wie Johann Wolfgang Goethe während seiner Sizilienreise im Jahre 1787. Vom Monte Pellegrino bietet sich aber ein sehr schöner Blick über Palermo.

Der **Santuario di Santa Rosalia**, Wallfahrtsort auf dem Monte Pellegrino, besteht aus einer Grotte mit einem Altar und einer Marmorstatue der Heiligen, vor der eine Kapelle errichtet wurde. Der Legende zufolge soll hier ein Hirte 1624 die Gebeine der hl. Rosalia gefunden haben, nachdem sie ihm im Traum erschienen war. Die Gebeine wurden in einer Prozession in das von der Pest gepeinigte Palermo getragen, woraufhin die Pest verschwand. Palermo hatte eine neue Schutzheilige.
10 km von Palermo

Cefalù

→ S. 118, A 7

13 500 Einwohner
Stadtplan → S. 39

Nach Taormina ist Cefalù der meistbesuchte Ferienort Siziliens. Die unvergleichliche Lage, der kulturhistorisch bedeutende Normannendom sowie ein überaus gepflegter Sandstrand sind das touristische Kapital von Cefalù. Auch bei einem längeren Aufenthalt kommt keine Langeweile auf. Unter anderem kann man von hier aus wunderbare Ausflüge in das gebirgige Hinterland, die Madonie, unternehmen.

2

Cefalù kann auf eine rund dreitausendjährige Geschichte zurückblicken: Der namengebende wuchtige Fels diente früher als Kultstätte und als letzter Rückzugsort vor feindlichen Angreifern. Später errichteten die Normannen eine Burg auf dem leicht zu verteidigenden Berg. Die Griechen haben die Ansiedlung nach dem griechischen Wort Kephalos (»Haupt«) Kephaloidion benannt – mit Bezug auf den riesigen Feldmonolithen. Die pittoreske Altstadt strahlt aufgrund des lebhaften Treibens auf dem Corso Ruggero und des meisterhaften Normannendoms eine angenehme Atmosphäre aus. Letzterer stellt eine überaus gelungene Verbindung zwischen romanischen und byzantinischen Einflüssen dar.

Hotels/andere Unterkünfte

Kalura ⇢ S. 39, südöstl. c 4
Zu dem freundlich geführten Hotelkomplex in der Nähe des Hafens gehört neben einem Tennisplatz und einem Swimmingpool auch ein eigener Sandstrand.
Via Vincenzo Cavallaro 13; Tel. 09 21 42 13 54, Fax 09 21 42 31 22; www.hotel-kalura.com; 117 Betten ●●●
CREDIT ♿

Spaziergang

Der **Corso Ruggero,** die Haupteinkaufsstraße, zieht sich von der Piazza Garibaldi durch den gesamten historischen Ortskern. Linker Hand kommt man nach 100 m am **Osterio Magno** (Hausnummer 75) vorbei. Der mittelalterliche Adelspalast ist das bedeutendste profane Bauwerk Cefalùs.

Die andere Straßenseite öffnet sich erst auf einen kleinen Platz mit der barocken **Chiesa del Purgatorio,** bevor der Corso weiter zur Piazza del Duomo führt. Der Platz erhält seine besondere Atmosphäre durch die majestätische Westfassade des **Normannendoms.** Über die Via Mandralisca mit dem **Museo Mandralisca** gelangt man zum **Lavatoio Arabo,** einem arabischen Waschhaus.

Der Duomo, eine dreischiffige Säulenbasilika, hat Cefalù berühmt gemacht.

Sehenswertes

Duomo S. 39, c 2

Roger II. legte 1131 den Grundstein zum bedeutendsten normannischen Kirchenbau Siziliens. Die dreischiffige Basilika beeindruckt vor allem durch die byzantinischen Mosaikarbeiten im Altarraum und durch ihr schlichtes Langhaus. Christus ist in der Apsis als Weltenherrscher dargestellt. Dieses mittelalterliche Mosaik gilt als das herausragendste Siziliens.

Tgl. 8–12 und 15.30–17 Uhr, im Sommer 8–19.30 Uhr

Lavatoio Arabo S. 39, a 2

Das von einer Quelle gespeiste Waschhaus ist eines der wenigen Relikte aus der Zeit, als die Araber noch über Sizilien herrschten.

Via Vittorio Emanuele, auf der Höhe von Nr. 55; tgl. 9–13 Uhr

Rocca di Cefalù S. 39, c 2-4

→ Routen und Touren, S. 92

Museen

Museo Mandralisca S. 39, b 2

Das Museum ist aus der Sammlerleidenschaft eines Privatmannes entstanden. Zum Inventar gehören Gemälde, griechische Keramik, arabische Vasen und eine umfangreiche Muschelsammlung.

Via Mandralisca 13; tgl. 9–19 Uhr; Eintritt 4,20 €

Essen und Trinken

L'Antica Corte S. 39, b 1

Kleiner romanischer Innenhof, gute Küche.

Corso Ruggero 193; Tel. 09 21 42 32 28; tgl. geöffnet ●● AmEx MASTER VISA

Trappitu S. 39, b 1

In der ehemaligen Ölmühle speist man im Sommer auf der Terrasse über dem Meer.

Via Carlo Ortolani di Bordonaro 96; Tel. 09 21 92 19 72; tgl. geöffnet ●● CREDIT

Service

Auskunft

AAST S. 39, b 3

Corso Ruggero 77, 90015 Cefalù; Tel. 09 21 42 10 50, Fax 09 21 42 23 86; www.cefalu-tour.pa.it

Ziele in der Umgebung

Càccamo S. 117, F 2

5500 Einwohner

Das im Hinterland von Términi Imerese gelegene Bauernstädtchen – eine Gründung der Karthager – wird von einem mächtigen **Kastell** beherrscht, das einst dem Geschlecht der Chiaramonte gehörte. Neben dem im Kern aus der Normannenzeit stammenden Dom **San Giorgio** beherbergt Càccamo weitere ansehnliche Barockkirchen. Fantastisch ist bereits die Anreise auf Càccamo: Man nähert sich dem Städtchen über eine kurvenreiche Panoramastraße.

41 km von Cefalù

Castelbuono

S. 118, A 8

10 000 Einwohner

Der sympathische Hauptort der Madonie eignet sich hervorragend als Ausgangspunkt für ausgedehnte Wanderungen. Im Zentrum des Ortes steht ein stattliches **Kastell** im arabisch-normannischen Stil. Dieses Kastell und die sehenswerte **Chiesa Matrice Vecchia** wurden im 14. Jh. errichtet. Das Herz der kleinen Stadt ist die hübsche Piazza Margherita mit ihrem schönen Brunnen.

23 km von Cefalù

Castel di Tusa

S. 118, B 7

1000 Einwohner

An sich gäbe es keinen Grund, dieses beschauliche Dorf aufzusuchen. Doch dank des kunstliebenden Bauunternehmers Antonio Presti entstand hier eines der faszinierendsten Hotels Siziliens. Seiner Leidenschaft frönt der Mäzen auch im Hinterland am Fluss Tusa. Exzentrische Skulpturen verwandeln das Tal in das überdimensionale Freilichtmuseum **Fiumara d'Arte.**

20 km von Cefalù

MERIAN-Tipp

6 Póllina

Die wenigen Touristen, die die kurvenreiche, 20-minütige Fahrt von der Küste zu dem auf einem 764 m hohen Bergkegel thronenden Städtchen auf sich nehmen, werden mit einem faszinierenden Panorama belohnt. Der Blick reicht weit ins Landesinnere, bei klarer Sicht gar bis zu den Äolischen Inseln. Ganz oben erhebt sich ein im Verfall begriffener **mittelalterlicher Turm**, der Rest eines Kastells, und ein »griechisches Theater« mit prächtiger Naturkulisse. Dort finden in den Sommermonaten auch Theateraufführungen statt.

Mit öffentlichen Verkehrsmitteln ist Póllina von Cefalú aus mit dem Bus zu erreichen (dreimal täglich ab Bahnhof Cefalú); 24 km von Cefalù

S. 118, A 7

HOTELS/ANDERE UNTERKÜNFTE

Museo Albergo l'Atelier sul Mare

S. 118, B 7

3

Ein Hotel als Gesamtkunstwerk. Bereits in der Eingangshalle wird deutlich, dass es sich um kein »normales« Hotel handelt. Jedes Zimmer wurde von einem zeitgenössischen Künstler gestaltet.

Via Cesare Battisti 4, 98079 Castel di Tusa; Tel. 09 21 33 42 95, Fax 09 21 33 42 83; www.ateliersulmare.it; 80 Betten ●●●

AmEx MASTER VISA

Madonie

S. 118, A 8

Ein Ausflug in die Madonie, das bergige Hinterland von Cefalù, gehört zu den landschaftlich schönsten Eindrücken einer Sizilienreise. Seit 1972 steht die Madonie unter Naturschutz. Bis auf knapp 2000 m Höhe ragen die Gipfel empor: Der **Pizzo Carbonara** ist mit 1979 m nach dem Ätna der zweithöchste Berg Siziliens. Die Madonie bietet zahlreiche Wandermöglichkeiten durch relativ unberührte Natur und ausgedehnte Laubwälder. Nähere Informationen hält das Fremdenverkehrsbüro in Cefalù bereit.

Términi Imerese

S. 117, F 2

25 000 Einwohner

Die Thermalquellen von Términi Imerese werden seit der Antike genutzt, doch ist der Ort heute ein touristisch nicht sehr attraktiver Industriestandort. Am Rande der Altstadt sind noch die Reste eines **römischen Amphitheaters** zu sehen.

32 km von Cefalù

Liparische Inseln

Sieben Vulkanspitzen ragen aus glasklarem Wasser – und versprechen Einsamkeit und Ruhe.

Naturschauspiel auf der Meeresbühne: Der Strómboli (→ S. 45) führt regelmäßig vor, welche Energie in ihm steckt, wenn die Magmafontänen in die Höhe schießen.

Lípari und Äolische Inseln

···› S. 118/119, BE 5-6

11 000 Einwohner

Beliebt ist Lípari genau wie die anderen Äolischen Inseln wegen seiner Wasserqualität bei den Tauchsportlern. Der Archipel ist unverkennbar vulkanischen Ursprungs, daher muss man auf weiße Sandstrände verzichten – wenngleich der aus dunklem Kies bestehende Hauptstrand von Lípari **Spiaggia Bianca** genannt wird.

Die gesamte Inselgruppe war bereits in der Steinzeit bewohnt; das Städtchen Lípari ist sogar eine der ältesten kontinuierlich bewohnten Siedlungsstätten Italiens. Bereits in der Jungsteinzeit sorgte der florierende Handel mit Obsidian für Reichtum in der Region, denn aus dem schwarzen vulkanischen Glasfluss lässt sich alles schlagen, was Schärfe braucht: Messer, Klingen, Pfeilspitzen, Beile. Vor hundert Jahren bescherte der Handel mit Bimsstein der Insel eine zweite Blüte.

Heute steht der Tourismus an erster Stelle. Lobenswerterweise verschandeln keine Betonburgen die Inseln, so dass ein relativ ungetrübtes Landschaftserlebnis möglich ist.

Hotels/andere Unterkünfte

Carasco

Modernes, funktionelles Hotel mit einem ungewöhnlich geformten Swimmingpool. Fast alle Zimmer verfügen über eine Terrasse mit schönem Meerblick.

Via Porto delle Genti, 98055 Lípari; Tel. 09 09 81 16 05, Fax 09 09 81 18 28; www.carasco.it; 163 Betten; Nov.–März geschl. ●●● CREDIT

Augustus

Das zentral gelegene Stadthotel besitzt einen schönen begrünten Innenhof. Die Atmosphäre ist angenehm persönlich.

Via Ausonia, 98055 Lípari; Tel. 09 09 81 12 32, Fax 09 09 81 22 33; www.villaaugustus.it; 58 Betten; Nov.–Feb. geschl. ●● MASTER VISA

Sehenswertes

Akropolis

Auf dem mächtigen Felsklotz am Hafen von Lípari sind die historischen Sehenswürdigkeiten der Insel auf engem Raum versammelt.

An der Stelle der einstigen griechischen Akropolis errichteten die Spanier im 16. Jh. eine gewaltige Festung, die das Bild des Burgbergs bis heute prägt. Die Normannen fügten eine Kathedrale hinzu, die später barockisiert wurde. Auf dem Burgberg befinden sich zudem das Archäologische Museum, eine Ausgrabungszone und ein kleiner Park mit griechischen und römischen Steinsarkophagen. An den Park grenzt ein Amphitheater modernen Ursprungs.

Museen

Museo Archeologico Eóliano

Gleich mehrere Gebäude auf dem historischen Burgberg beherbergen das Archäologische Museum; sie präsentieren jeweils einen anderen Schwerpunkt. So gibt es neben einer prähistorischen und vulkanologischen Abteilung auch eine epigraphische (inschriftenkundliche) Sammlung. Die interessanteste Abteilung ist die klassische, die in einem Gebäude nördlich der Kathedrale untergebracht ist. Sie beinhaltet wertvolle Funde aus der griechischen und römischen Vergangenheit – darunter eine Sammlung seltener Theatermasken sowie zahlreiche Amphoren.

Via del Castello; Mo–Sa 9–14, So bis 13, im Sommer auch 16–19 Uhr; Eintritt 6 €

Essen und Trinken

Filippino

Von der großen Gartenterrasse sollte man nicht auf einen touristischen Großbetrieb schließen. Die Küche des

traditionsreichen Familienlokals verdient viel Lob.
Piazza Municipio 2–10; Tel. 09 09 81 10 02; Mo in der Nebensaison geschl. ●●●
AmEx MASTER VISA

Da Bartolo
In dem im Zentrum von Lípari gelegenen Restaurant fühlt man sich dank der freundlichen Atmosphäre schnell wohl.
Via Garibaldi 57; Tel. 09 09 81 17 00; Fr im Winter geschl. ●● AmEx MASTER VISA

Sangre Rojo
Auf der traumhaften Terrasse munden die abwechslungsreichen sizilianischen Spezialitäten besonders gut.
Quattropani di Lípari; Tel. 09 09 88 02 21; tgl. geöffnet ●● CREDIT

Am Abend
Ein beliebter Treffpunkt für Fremde und Einheimische ist der hübsche, kleine Platz vor dem Aliscafi-Hafen.

Service
Auskunft
AAST
Via Vittorio Emanuele 204, 98055 Lípari; Tel. 09 09 88 00 95, Fax 09 09 81 11 90; www.aasteolie.info

Fahrzeugverleih
Roberto Forti vermietet Autos, Vespas und Fahrräder.
Via Francesco Crispi 31; Tel. 09 09 81 23 52

Schiffsverbindungen
Die Äolischen Inseln werden mehrmals täglich von Fähren oder Tragflügelbooten (»aliscafi«) angesteuert. Die meisten Verbindungen bestehen zwischen Milazzo und den Inseln, aber auch von Messina, Cefalù und sogar von Palermo sowie Neapel verkehren Schiffe. Verkehrsknotenpunkt zwischen den Inseln ist Lípari. Es ist Touristen untersagt, nach Alicudi, Filicudi, Panarea und Strómboli ein Auto mitzunehmen.

Weitere Inseln

Alicudi
→ S. 118, B 6

100 Einwohner

Die mit 5,2 qkm zweitkleinste und zugleich westlichste der Äolischen Inseln liegt 57 km von Lípari entfernt. Der erloschene Vulkan **Filo dell' Arpa**, dem die Insel ihre Existenz verdankt, ist 675 m hoch und in etwa zwei Stunden zu besteigen. Da es kaum Übernachtungsmöglichkeiten gibt, kommen nur sehr wenige Touristen nach Alicudi.

Filicudi
→ S. 118, B 5

250 Einwohner

Wie die Nachbarinsel Alicudi, so ist auch die beinahe doppelt so große Insel Filicudi touristisch noch wenig erschlossen. Beliebt ist sie bei Tauchern, die die fischreichen Gewässer und Meeresgrotten zu schätzen wissen. Im Südosten Filicudis, auf der **Halbinsel Capo Graziana**, kann man beachtliche Reste einer bronzezeitlichen Siedlung bewundern. Ansonsten bietet sich die insulare Abgeschiedenheit an, seinen Frieden mit sich und der Welt zu schließen.

Panarea
→ S. 119, D 5

250 Einwohner

Panarea, die kleinste der Äolischen Inseln, genießt in betuchten Kreisen einen ausgezeichneten Ruf. Die beschränkten Platzverhältnisse haben im besiedelten Osten der 3,6 qkm großen Insel die Dörfer zusammenwachsen lassen. Der Hafen **San Pietro** gefällt mit seinen weißen Villen, verträumten Gässchen und dem überall vorhandenen Blumenschmuck. Auf dem Felssporn **Capo Milazzese** sind noch Spuren eines bronzezeitlichen Dorfes auszumachen.

Salina

→ S. 118, C 5

2150 Einwohner

Die nordwestlich von Lípari gelegene Insel ist die zweitgrößte und vegetationsreichste des Archipels.

Der vor ein paar Jahren auf Saline gedrehte Spielfilm »Il Postino« machte die Insel bekannt. Weithin sichtbar ist ihr markanter, durch einen Sattel verbundener Doppelgipfel, welcher der Insel in der Antike den Namen Didyme, Zwilling, eintrug. Der eine der beiden erloschenen Krater, der **Monte Fossa delle Felci**, markiert mit 962 m die höchste Erhebung der Inselgruppe. Die Hauptorte **Santa Marina Salina**, **Malfa** und **Leni** verbindet eine Panoramastraße, die durch das wohltuend grüne Inselinnere führt, wo Kapern und Wein angebaut werden. Zum Baden eignet sich der schwarze Kiesstrand nördlich von Santa Marina Salina.

Strómboli

→ S. 119, D 5

650 Einwohner

Dass die Äolischen Inseln vulkanischen Ursprungs sind, merkt man spätestens auf Strómboli. Regelmäßig spuckt der Vulkan Magmafontänen 70 bis 80 m in die Höhe. Ein beeindruckendes Naturschauspiel, das vor allem nachts fasziniert. Ganz Unerschrockene nächtigen auf dem benachbarten, etwas höher gelegenen Zwillingskrater, damit sie das Spektakel hautnah miterleben können. Der nicht ganz ungefährliche Aufstieg zum 924 m hohen »Höllenschlund« nimmt mit einem ortskundigen Führer drei bis vier Stunden in Anspruch. Bekannt geworden ist die Insel vor allem durch Roberto Rosselinis berühmtes Filmepos »Stromboli, Terra di Dio« mit Ingrid Bergman in der Hauptrolle. Aber auch wegen seiner Strände aus Lavasand...

www.stromboli.net

Das Dorf Pollara auf Salina war Drehort des poetischen Films »Il Postino«.

Service

Bergführer

Für Touren zum Vulkan vermittelt das Ufficio Informazioni Führer.

Piazzale San Vincenzo; Tel. /Fax 0 90 98 62 11; www.stromboliguide.it

Vulcano

→ S. 119, D 6

470 Einwohner

Die Halbinsel **Vulcanello**, die heute Vulcanos nördlichen Inselzipfel bildet, tauchte im Jahre 183 v. Chr. infolge einer submarinen Eruption aus dem Meer auf. Erst rund 450 Jahre später bildete sich aus Schlacke und Asche eine Landbrücke, die Vulcanello mit dem Inselrest verband. Der letzte Vulkanausbruch ereignete sich zwischen 1888 und 1890. Die aus dem Inselinneren ausströmenden Schwefeldämpfe erinnern mit ihrem penetranten Geruch daran, dass es jederzeit wieder zu einem Ausbruch kommen kann. Bei **Porto Levante**, dem Fährhafen, baden die Touristen in einem konstant 34 °C warmen Schlammbad, dessen Heil bringende Schwefelwirkung sehr geschätzt wird.

Die Ostküste

Hier demonstriert der Ätna seine Dominanz und schenkt zur Versöhnung fruchtbaren Boden.

Stets erhobenen Hauptes im Hintergrund: der Ätna. Ergeben liegt Taormina (→ S. 49) wie auf einem Präsentierteller zwischen den Naturgiganten Meer und Berg.

Die gesamte Ostküste präsentiert sich als schmaler, dicht besiedelter Küstenstreifen. Zumeist finden sich kleine Dörfer, denn nur gelegentlich treten die Berge so weit zurück, dass eine größere Stadt wie Messina entstehen konnte. Das viel besungene »Tor zur Insel« ist nur durch eine Meerenge, den Strétto, vom Festland getrennt. In Taormina selbst zeigt sich Sizilien von seiner Schokoladenseite: Der Corso ist blitzsauber und von edlen Boutiquen gesäumt. Vom griechisch-römischen Theater öffnet sich ein atemberaubender Panoramablick auf den Ätna, dessen Ausbrüche gefürchtet sind. Einmal, 1669, strömte die Lava gar bis zum Hafen von Catánia hinunter und begrub die halbe Stadt unter einer dicken Lavaschicht.

Messina ⇢ S. 119, F 7

280 000 Einwohner

All diejenigen, die über den Stiefel anreisen, kommen durch Messina. Der gleichnamigen Meerenge verdankt die Stadt ihre Bedeutung. Messina war von jeher eine strategisch wichtige Hafenstadt: Die Lage am **Strétto**, der Meerenge von Messina, und der sichelförmige Naturhafen waren wie geschaffen für eine Stadtgründung. Historische Bauten sind nur schwer auszumachen, ein Erd- und Seebeben zerstörte 1908 nahezu alle Häuser. Die Bombardements des Zweiten Weltkriegs leisteten ein Übriges.

Hotels/andere Unterkünfte

Royal Palace

Komfortables, nüchternes Hotel in einem modernen Gebäude unweit des Fährhafens.

Via T. Cannizzaro Is. 224; Tel. 0 90 65 03; Fax 09 02 92 10 75; 174 Betten ●●● CREDIT

Cairoli

Das sympathische Hotel mit begrüntem Wintergarten liegt an einer befahrenen Straße zwischen Dom und Fährhafen an der Piazza Cairoli.

Viale San Martino 63; Tel. und Fax 0 90 67 37 55; www.hotel-cairoli.com; 92 Betten ●● MASTER VISA

Sehenswertes

Duomo

Der 1197 unter Roger II. geweihte Normannendom ist ein Musterbeispiel des Wiederaufbaus. Beim großen Erdbeben von 1908 wurde der Dom zerstört. Der wieder errichtete Bau fiel 1943 einer Brandbombe zum Opfer, so dass nur noch die Grundmauern des mittelalterlichen Kirchenbaus erhalten geblieben sind. Der Dom birgt neben mehreren Kunstwerken die mit 170 Registern und rund 16 000 Pfeifen größte Orgel Italiens.

Santissima Annunziata dei Catalani

Die kleine Normannenkirche stammt größtenteils aus dem 12. Jh. und liegt merklich unter dem heutigen Straßenniveau. Die Kuppel, die Apsis und das Querhaus lassen deutlich byzantinische Einflüsse erkennen.

Museen

Museo Regionale di Messina

Hier dreht sich alles um Kunst aus der Zeit vom 12. bis 18. Jh. Herausragend sind zwei überdimensionale Gemälde von Caravaggio.

Viale Libertà 465; Di–Sa 9–13.30, Di, Do und Sa auch 15–17.30, So 9–13 Uhr; Eintritt 6 €

Essen und Trinken

Ristorante Sporting Alberto

Bekannter Anlaufpunkt für Gourmets, direkt am Meer. Fantasievolle Antipasti, guter Stockfisch.

Via Nazionale; Tel. 0 90 32 13 90; Mo geschl. ●●● AmEx DINERS VISA

Service

Auskunft

AAST

Piazza Cairoli, 45, 98100 Messina, Tel. 0 9 02 93 52 92, Fax 0 90 69 47 80 www.azienturismomessina.it

Stilvolle Fassadengestaltung der Santissima Annunziata dei Catalani (→ S. 47), der einzigen aus dem Mittelalter erhaltenen Kirche Messinas.

Ziele in der Umgebung

Castroreale Terme

→ S. 119, E 7

2200 Einwohner

Das kleine Bergstädtchen verdankt sein Flair der gut erhaltenen historischen Bausubstanz. Besonders eindrucksvoll ist die Aussicht von der Terrasse der Hauptkirche hinunter auf das Tyrrhenische Meer und – gute Wetterbedingungen vorausgesetzt – bis zu den Äolischen Inseln.

40 km von Messina

Milazzo

→ S. 119, E 7

30 000 Einwohner

Von Milazzo legen mehrmals täglich Boote zu den Äolischen Inseln ab. Das nahe Industriegebiet wirkt zwar nicht gerade einladend, doch besitzt Milazzo selbst seine Reize. Die lange Uferpromenade (**Lungomare Garibaldi**), die den modernen Stadtteil am Hafen mit dem alten unterhalb des Kastells verbindet, ist abends das Ziel zahlreicher Müßiggänger. Der mächtige **Festungsbau** wurde von den Normannenkönigen begonnen und erhielt sein heutiges Aussehen unter dem Stauferkönig Friedrich II., die Spanier fügten noch den mächtigen Ringwall hinzu.

35 km von Messina

Nébrodi und Monti Peloritani

→ S. 118/119, E 7

Kurz hinter Messina steigt ein mächtiger Gebirgszug empor, der entlang großer Teile der Nordküste verläuft. Diese pittoreske Berglandschaft wird zu Beginn als Monti Peloritani, im weiteren Verlauf als Nébrodi und schließlich als Madonie bezeichnet. Die Region ist ein ideales Wandergebiet. Dem motorisierten Touristen erschließt sich die Landschaft am besten von Taormina über Novara nach Tindári oder von Randazzo zum Capo d'Orlando.

Tindári

S. 119, D 7

70 Einwohner

Tyndaris wurde 397 v. Chr. von den Griechen auf einem 270 m hohen Kalkfelsen gegründet und erlebte in römischer Zeit eine große Blüte. Die antiken Stadtmauern sind noch deutlich auszumachen. Nach der Zerstörung durch die Araber im Jahr 836 fiel der Ort jahrhundertelang der Vergessenheit anheim.

Der Blick vom griechischen Amphitheater auf das Meer und die Äolischen Inseln verdient genauso wie derjenige von der Wallfahrtskirche **Santuario della Madonna Nera** auf die Lagune mit ihren Badebuchten das Prädikat grandios. Von dem Ort **Oliveri** aus sind die wunderschönen weißen Sandstrände der Lagunen in kurzer Zeit zu erreichen.

50 km von Messina

SEHENSWERTES

Das antike Tyndaris

Das Ausgrabungsgelände befindet sich 200 m westlich der Wallfahrtskirche. Deutlich auszumachen ist noch die Hauptstraße (Decumanus) der antiken Stadt. Sie verbindet die **Basilika** mit dem **Griechischen Theater**. Die Reste einer **Thermenanlage** und die Grundmauern römischer Häuser sind ebenfalls zu besichtigen. Ein Teil der Funde ist in einem kleinen **Museum** hinter dem Eingang ausgestellt.

Tgl. von 9 Uhr bis zwei Stunden vor Sonnenuntergang; Eintritt 2 €

Santuario della Madonna Nera

Die Wallfahrtskirche der Schwarzen Madonna, deren Fest jedes Jahr am 8. September gefeiert wird, zieht alljährlich tausende von Pilgern an. Die Kirche, ein neuromanischer Bau aus dem 20. Jh., birgt eine byzantinische schwarze Madonnenstatue mit Kind, die in ganz Sizilien für ihre Wundertätigkeit bekannt ist.

Taormina

S. 119, E 8

11 000 Einwohner
Stadtplan → S. 51

Seit sich Sizilien als klassisches Reiseziel etabliert hat, führt kein Weg an Taormina vorbei. Heute ist es die Touristenattraktion der Insel.

Vor mehr als hundert Jahren pries der französische Schriftsteller Guy de Maupassant die Stadt: »Falls jemand nur einen Tag in Sizilien verweilen könnte und mich fragen würde: ›Was muss ich gesehen haben?‹, würde ich ohne zu zögern antworten: ›Taormina‹. Dieses Dorf ist ein Gemälde, aber eines, auf dem man alles gemalt findet, was dazu angetan ist, auf Erden unsere Augen, unseren Geist und unsere Fantasie zu verführen.« Als Maupassant diese Zeilen schrieb, genoss Taormina als Winterkurort im liberalen Großbürgertum und in wohlhabenden Intellektuellenkreisen höchstes Ansehen. Die heute noch in zahlreichen Geschäften ausgestellten homoerotischen Fotografien des preußischen Adeligen Wilhelm von Gloeden künden vom freizügigen Geist dieser Epoche.

Die strategisch günstige Lage auf einem auslaufenden Kamm des Monte Tauro mag den Karthager Hamilkar 396 v. Chr. zur Gründung Taorminas angeregt haben; doch bereits vier Jahre später lenkten die Griechen die Geschicke der jungen Stadt. Ihrer Baukunst verdankt Taormina das wohl schönste Freilichttheater der Welt, das in einen natürlichen Hang eingebettet ist und einen grandiosen Blick auf den nahen Ätna erlaubt. Zusammen mit dem angenehm milden Klima sowie der urbanen, mit viel Grün aufgelockerten Atmosphäre bildet das Griechische Theater die Grundlage für den touristischen Erfolg Taorminas.

Schon nach kurzer Zeit hält der einzigartige Charme des Städtchens jeden Besucher gefangen. Der im Juli und August nicht enden wollende

Touristenstrom erinnert daran, dass solch außergewöhnliche Schönheit ihren Preis hat. Eine Seilbahn verbindet das Stadtzentrum mit **Mazzarò**, dem nächst gelegenen Badeort. Allerdings sollte man von diesem Küstenabschnitt nicht zu viel erwarten, denn aufgrund der reichlich befahrenen Meerstraße von Messina ist es um die Wasserqualität nicht besonders gut bestellt. Ziel eines beliebten Kurzausfluges ist **Castelmola**, ein mittelalterliches Bergdörfchen oberhalb von Taormina.

Hotels/andere Unterkünfte

San Domenico Palace → S. 51, ab 3
Diese Nobelherberge, die in einem 1430 erbauten Kloster untergebracht ist, besitzt eine einmalige Atmosphäre. Tagsüber kann man sich am Swimmingpool entspannen und die einmalige Aussicht genießen. Feinschmecker sind sich darüber einig, dass das Restaurant dem Hotel in nichts nachsteht.
Piazzale San Domenico 5; Tel. 09 42 61 31 11, Fax 09 42 62 55 06; www.sandomenico.thi.it; 177 Betten ●●●● CREDIT ♿

Villa Ducale → S. 51, a 1
Erst unlängst wurde die alte Patriziervilla in ein stilvolles Hotel mit viel Flair umgewandelt. Der Rundblick von den Zimmern und der Panoramaterrasse sucht seinesgleichen.
Via Leonardo da Vinci 60; Tel. 0 94 22 81 53, Fax 0 94 22 87 10; www.villaducale.com; 16 Betten; Mitte Jan.– Ende Feb. geschl. ●●● AmEx MASTER VISA

Villa Igiea → S. 51, ab 2
Das kleine Hotel in einer Villa aus der Jahrhundertwende liegt an der Straße nach Castelmola. Nicht nur wer ein Faible für originalgetreue Einrichtungen aus den 30er-Jahren hat, wird sich hier wohl fühlen.
Via Circonvallazione 28; Tel. 09 42 62 52 75, Fax 09 42 62 98 63; www.villaigiea.com; 24 Betten ●●

Villa Schuler → S. 51, c 2
Das von einem ruhigen und gepflegten Garten umgebene Hotel, das 1905 von einem Deutschen gegründet wurde, hat eine freundliche Ausstrahlung. Viele Stammgäste, deshalb rechtzeitig reservieren!
Piazzetta Bastione 16; Tel. 0 94 22 34 81, Fax 0 94 22 35 22; www.villaschuler.com; 47 Betten; Mitte Nov.–Mitte März geschl. ●● ♿

Spaziergang

Der **Corso Umberto**, die verkehrsbefreite Hauptflaniermeile Taorminas, erstreckt sich in einem leichten Bogen von der Porta Messina bis zur Porta Catánia, quer durch die Stadt. Hier findet man alles, was das Herz begehrt: angefangen von edlen Boutiquen und Reisebüros, über Antiquitäten- und Feinkostgeschäfte bis hin zu Restaurants und Cafés. Links und rechts des Corso Umberto liegen zudem alle wichtigen Sehenswürdigkeiten.

Ein kleines Stück hinter der Porta Messina befindet sich der **Palazzo Corvaia**, ein weitgehend im gotisch-katalanischen Stil errichteter Adelspalast, der heute das städtische Verkehrsbüro beherbergt. Schräg hinter dem Palazzo liegt das **Odeon**. Das Theater, ein kleiner Ziegelsteinbau, stammt aus der römischen Kaiserzeit. Weit imposanter ist natürlich das am Ende der Via Teatro Greco gelegene **Teatro Greco**. Schlendert man den Corso weiter entlang, so stößt man auf die herrliche **Aussichtsterrasse** Piazza IX Aprile. Dort steht die **Chiesa Sant' Agostino**, die ein schön gearbeitetes gotisches Portal besitzt. Kurz darauf verbreitert sich der Corso zur Piazza del Duomo. Der **Duomo San Nicola** stammt aus dem 13. Jh., wurde später aber mehrfach umgebaut.

Sehenswertes

Teatro Greco → S. 51, d 2
Der Blick vom Griechischen Theater auf den Ätna ist – vor allem am Morgen – unbeschreiblich schön und ent-

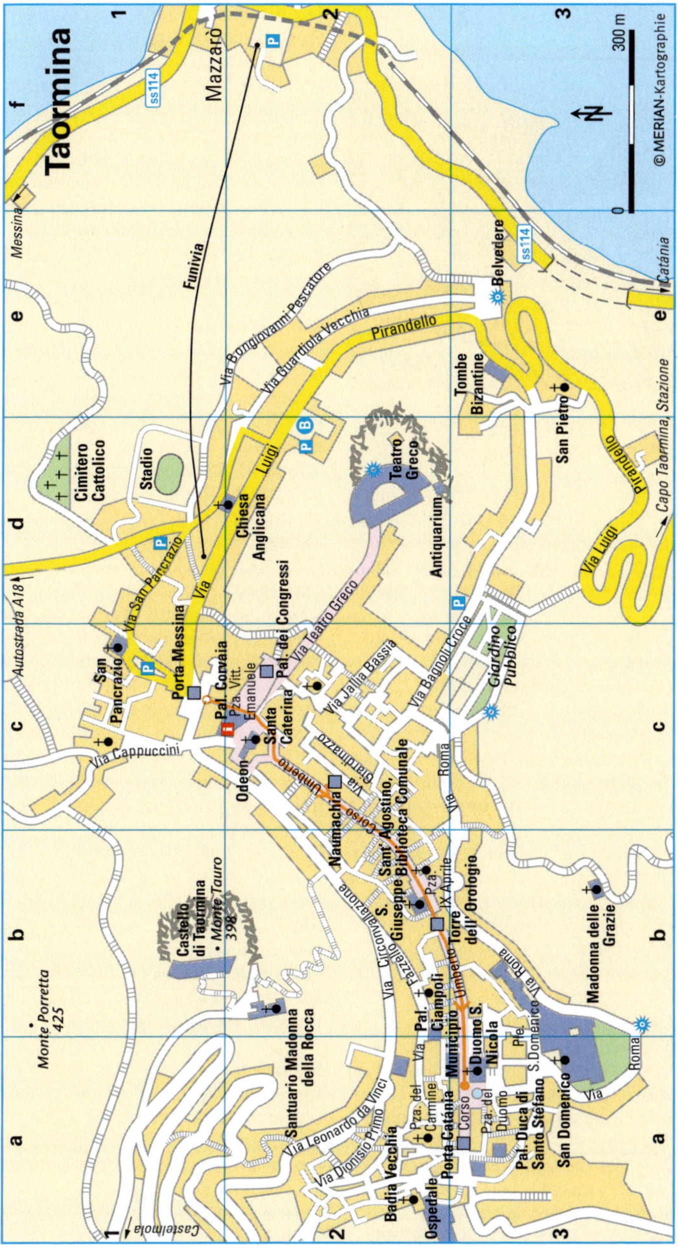
Taormina
Mazzarò
Funivia
Messina
Autostrada A18
Castelmola
Catánia
Capo Taormina, Stazione
ss114
Monte Porretta
425
Castello di Taormina
Monte Tauro
398
Santuario Madonna della Rocca
Cimitero Cattolico
Stadio
Chiesa Anglicana
Pal. dei Congressi
Teatro Greco
Antiquarium
Tombe Bizantine
San Pietro
Belvedere
San Pancrazio
Porta Messina
Pal. Corvaia
Pza. Vitt. Emanuele
Santa Caterina
Odeon
Naumachia
S. Giuseppe
Sant'Agostino, Biblioteca Comunale
Pza. IX Aprile
Torre dell'Orologio
Madonna delle Grazie
Pal. Ciampoli
Municipio
Duomo S. Nicola
Pza. del Duomo
Pza. del Carmine
Porta Catánia
Badia Vecchia
Ospedale
Pal. Duca di Santo Stéfano
San Domenico
Ple. S. Domenico
Giardino Pubblico
Via San Pancrazio
Via Cappuccini
Via Luigi Pirandello
Via Bongiovanni Pescatore
Via Guardiola Vecchia
Via Teatro Greco
Via Jallia Bassia
Via Bagnoli Croce
Via Giardinazzo
Corso Umberto
Via Roma
Via Circonvallazione
Via Fazzello
Via Leonardo da Vinci
Via Dionisio Primo
300 m
© MERIAN-Kartographie

Kulturelle Events in Toplage bietet das antike Teatro Greco auch heutzutage.

spricht den zahllosen Abbildungen auf Postkarten. Das Wahrzeichen Taorminas wurde im 3. Jh. v. Chr. errichtet. Sein heutiges Aussehen erhielt es allerdings erst rund 400 Jahre später, als die Römer das Bauwerk zu Gladiatorenkämpfen nutzen wollten. Mit einem Durchmesser von 109 m ist es das zweitgrößte Theater Siziliens und soll einst 30 000 Zuschauern Platz geboten haben. In den Sommermonaten kann man sich bei einer der regelmäßig stattfindenden Aufführungen von der hervorragenden Akustik überzeugen. Direkt ans Teatro Greco schließt sich das **Antiquarium** an. Das kleine archäologische Museum präsentiert Funde aus Taormina und der Umgebung.

Tgl. von 9 Uhr bis eine Stunde vor Sonnenuntergang; Eintritt 6 €

Essen und Trinken

Maffei's ⋯› S. 51, b 3

Die geschmackvolle Einrichtung zeugt von einem begabten Innenarchitekten, hinter dessen Leistungen die der Küchenchefs nicht zurückstehen. Zum Restaurant gehört auch eine Gartenterrasse.

Via San Domenico de Guzman 1; Tel. 0 94 22 40 55; Di geschl. ●●● CREDIT

La Chioccia d'Oro ⋯› S. 51, westl. a 1

Wer abseits des quirligen Zentrums ein nettes Restaurant mit guter Küche sucht, wird auf halbem Weg zwischen Taormina und Castelmola fündig. Für das Preis-Leistungs-Verhältnis spricht, dass sich hier nicht nur Touristen an Lammspezialitäten und anderen delikat zubereiteten Gerichten erfreuen, sondern auch die Einheimischen.

Via Dazio 1; Tel. 0 94 22 80 66; Do und im Nov. geschl. ●● MASTER VISA

Grotta Azzurra ⋯› S. 51, c 2

Das Restaurant ist auf gegrillte Meeresfrüchte spezialisiert. Das eisgekühlte, fangfrische Angebot kann man bereits vor dem Eingang in Augenschein nehmen. Äußerst schmackhaft ist auch das abwechslungsreiche Vorspeisenbuffet.

Via Bagnoli Croci 2; Tel. 0 94 22 35 05 ●● CREDIT

Am Abend

Der Corso Umberto verwandelt sich abends in einen illustren Boulevard der Eitelkeiten. Die **Wunderbar** an der Piazza IX Aprile ist seit Jahren beliebter Treffpunkt. **Ziggy Bar** an der Piazzale San Domenico ist der Schwulen-Treff Taorminas. Wer beim Flirten gerne den Sternenhimmel vor Augen hat, geht in den Open-air-Nightclub **Tout Va** in der Via L. Pirandello.

Service

Auskunft

AAST ⋯› S. 51, c 1-2

Palazzo Corvaia
Piazza Santa Caterina, 98039 Taormina; Tel. 0 94 22 32 43, Fax 0 94 22 49 41; www.gate2taormina.com

Seilbahn ⋯› S. 51, df 1-2

Die Seilbahn (**Funivia**) ist die kürzeste und schnellste Verbindung zwischen dem Zentrum und dem Strand bei Mazzarò. In nur fünf Minuten schwebt sie hinunter zum Meer.

Abfahrt alle 15 Minuten; Fahrpreis 1,60 € (einfach)

Ziele in der Umgebung

Etna/Ätna

→ S. 119, D 8

Der Ätna schlummert nicht: Zwischen zehn und 20 größere Ausbrüche werden pro Jahrhundert gezählt. Die Lavaasche macht den Boden äußerst fruchtbar, so dass zu seinen Füßen alles herrlich gedeiht.

4

Auf dem Weg bis zum Gipfel durchfährt man die unterschiedlichsten Vegetations- und Klimazonen. In der äußerst fruchtbaren Ebene gedeihen Orangen- und Zitronenbäume, ein bisschen höher wird Gemüse und Wein angebaut, weiter oben bestimmen Kastanienwälder das Landschaftsbild. In den höheren Lagen wachsen Ginster und Wacholder, in der Gipfelregion fast ausschließlich Flechten.

Von der Nord- und von der Südseite aus werden täglich Jeep-Exkursionen bis auf rund 2900 m Höhe angeboten (pro Person 40 €). Vom Rifugio Sapienza führt eine Seilbahn bis zur 2600 m hohen Bergstation La Montagnola (15 €). Sich dem Gipfel ohne sachkundige Führung zu nähern ist lebensgefährlich.

40 km von Taormina

MERIAN-Tipp

7 Góla dell'Alcántara

An der Nordflanke des Ätna hat der Alcántara-Fluss eine atemberaubende, über 20 m tiefe Schlucht in das Basaltgestein gegraben. Grünlich schimmern die Wassermassen zwischen den bizarr geformten Felswänden. Eine Erkundung der Schlucht erfordert einige Überwindung, da die Wassertemperaturen selbst im Hochsommer nicht über 12 °C klettern. Als Belohnung winkt ein grandioses Naturerlebnis. Wer will, kann mit dem Aufzug (2,50 €) bequem in die Schlucht hinunterfahren. Gummistiefel, die bis zur Hüfte reichen, können beim Parkplatz für 5 € ausgeliehen werden. → S. 119, E 8

Forza d'Agrò

→ S. 119, E 8

800 Einwohner

Das malerische Bergdorf an der Straße von Taormina nach Messina thront mehr als 400 m über dem Meer. Trotz der Nähe zu Taormina hat sich Forza d'Agrò viel ursprüngliches Flair bewahren können. Mit der **Schlossruine** sowie den Gotteshäusern **Chiesa Matrice, San Francesco** und **Chiesa della Triade** besitzt Forza d'Agrò vier historische Sehenswürdigkeiten.

10 km von Taormina

Giardini-Naxos

→ S. 119, E 8

8400 Einwohner

Der beliebte Fischer- und Badeort, südlich von Taormina, erstreckt sich am Fuße des Monte Tauro entlang eines schmalen Küstenstreifens. Giardini-Naxos ist ein geschichtsträchtiger Ort, denn hier gründeten die Griechen 735 v. Chr. ihre erste Siedlung auf sizilianischem Boden. Reste des antiken Naxos können bei einem Spaziergang durch den **Parco Archeologico** (tgl. von 9 Uhr bis eine Stunde vor Sonnenuntergang) betrachtet werden. Am Rand des Ausgrabungsgeländes in der Nähe des Strandes sind in einem kleinen **Museum** (Mo geschl., Eintritt 2 €) Grabungsfunde ausgestellt.

5 km von Taormina

Randazzo

→ S. 119, D 8

11 000 Einw.

Randazzo verdankt dem Ätna seinen Wohlstand. Aus seinem Gestein wurde das Städtchen erbaut. Die prächtigen Adelspaläste, mehrere Kirchen, eine von Schwibbogen überspannte Gasse sowie der ansehnliche Rest einer mittelalterlichen Stadtmauer lassen die einstige Bedeutung Randazzos erahnen. Besonders pittoresk ist die aus schwarzem Lavastein errichtete **Cattedrale Madre di Santa Maria**, deren älteste Teile aus dem 13. Jh. stammen.

35 km von Taormina

Catánia

→ S. 121, D 9

400 000 Einwohner

Stadtplan → S. 55

In der zweitgrößten Stadt Siziliens brodelt heute das Leben. Die Vergangenheit der ostsizilianischen Metropole ist von Erdbeben und Ätnaausbrüchen gezeichnet. Catánia ist eine überaus vitale Großstadt, die als Handels- und Industriezentrum Palermo in nichts nachsteht – leider auch nicht bezüglich Elendsviertel, Mafia und alltäglicher Gewalt. Der Autoverkehr in Catánia ist mit Vorsicht zu genießen: Die zahlreichen Einbahnstraßen und kaum vorhandenen Parkplätze haben schon viele Touristen ins Schwitzen gebracht. Es bietet sich daher an, mit dem Zug von Taormina oder Siracusa nach Catánia zu fahren. Der Hauptbahnhof liegt sehr zentral. Wer mit dem Auto anreist, entgeht dem alltäglichen Verkehrschaos am besten, wenn er die Mittagsstunden nutzt. Außerhalb des historischen Zentrums gibt es einige bewachte Parkplätze.

Als eine der frühesten griechischen Kolonien wurde Catánia bereits im Jahre 729 v. Chr. gegründet. Zu größerer Bedeutung gelangte die Stadt aber erst während der römischen Epoche. Heute zeugen nur noch das römische Theater und die Reste eines Amphitheaters von der antiken Vergangenheit. In der späten Kaiserzeit wuchs Catánia zur größten Stadt Siziliens heran. Daraufhin folgte eine lange Phase des Niedergangs; erst die Spanier aus dem Hause Aragon begannen, Catánia wieder zu fördern. Sie gründeten 1434 die bis heute bestehende Universität.

Die »Tochter des Ätna« liegt dem rund 30 km entfernten Hauptkrater des Vulkans zwar ergeben zu Füßen, doch mitunter ließ der »Vater« seinem Zorn freien Lauf. Die schwerste Zerstörung datiert ins Jahr 1669. Damals strömte die Lava durch Catánia, teilte sich beim Castello Ursino und füllte das alte Hafenbecken auf. Aber es kam noch schlimmer: 1693 legte ein Erdbeben die Stadt in Schutt und Asche. Doch schon bald begann unter der Federführung von Giovanni Battista Vaccarini ein glanzvoller Wiederaufbau in schwarzem Lavabarock. Die Bedrohung durch den unheilvollen Riesen wird allzu gerne verdrängt: Die Vororte von Catánia haben sich bedenklich nahe an den Ätna herangeschoben.

Hotels/andere Unterkünfte

Royal → S. 55, b 3

Kleines, charmantes Hotel in einem alten Palazzo in der Nähe der Via Crociferi. Die Terrasse bietet einen wunderschönen Blick über Catánia.

Via Antonino di Sangiuliano 337; Tel. 0 95 2 50 33 47; www.hotelroyal-catania.it; 18 Betten ●● AmEx MASTER VISA

Hotel Savona → S. 55, b 3

Komfortables, sehr zentral gelegenes Hotel, dessen Zimmer erst unlängst renoviert wurden.

Via Vittorio Emanuele 210; Tel./Fax 0 95 32 69 82; www.hotel-savona.it; 60 Betten ●● CREDIT ♿

Spaziergang

Die **Porta Uzeda**, ein prächtiges Barocktor aus dem Jahre 1696, markiert den Wiederaufbau der vom Erdbeben zerstörten Stadt. Das Tor trennt den Domplatz vom Hafenviertel mit dem **Castello Ursino**. Von der Porta Uzeda sind es nur wenige Schritte bis zur **Piazza del Duomo**, die im Norden vom Rathaus und im Osten vom Dom begrenzt wird. Inmitten des Platzes steht Catánias Wahrzeichen, die antike **Fontana dell' Elefante,** der Elefantenbrunnen. Der aus schwarzer Lava gefertigte Elefant trägt einen Obelisken auf dem Rücken.

Werktags bietet sich ein Besuch des Fischmarktes an, bevor es entlang der Via Vittorio Emanuele II weiter bis zum **Teatro Romano** geht. Ein Stück die Straße zurück kommt man zur Piazza San Francesco. Dort befindet sich der Eingang zum **Museo Belliniano** wie auch zum **Museo Emilio Greco.** Von der Piazza San Francesco verläuft die barocke Prachtstraße **Via Crociferi** in Richtung Norden. Über die Via Antonino di Sangiuliano gelangt man zu der von zahlreichen Geschäften gesäumten **Via Etnea,** der Hauptschlagader Catánias.

An der Piazza Stesicoro ist ein kleiner freigelegter Teil des **Anfiteatro Romano** zu sehen, das mit einer

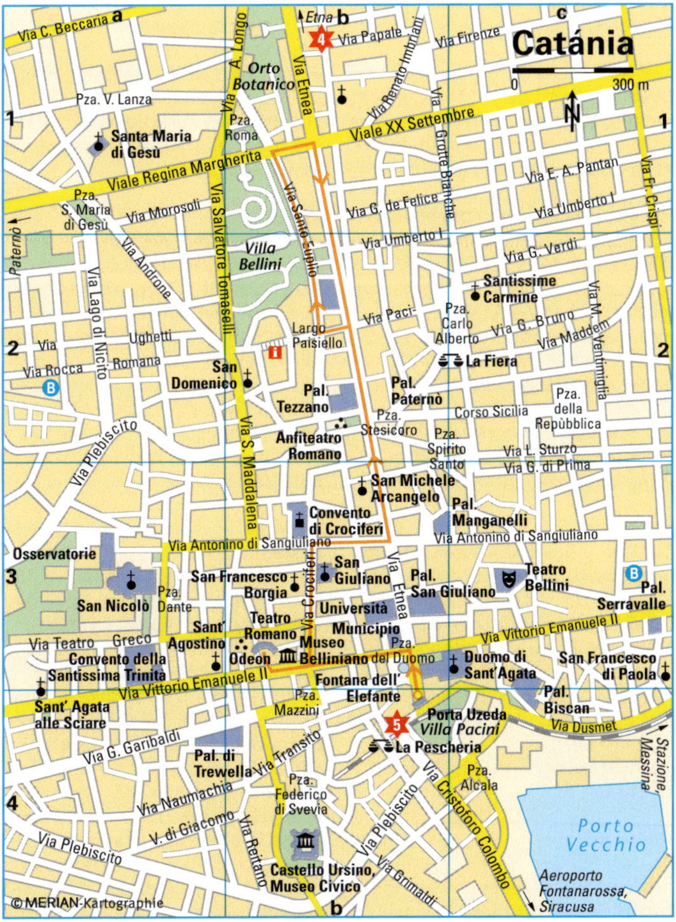

Ausdehnung von 125 x 105 m zu den größten des Römischen Reiches gehörte. Es stammt aus dem 2. Jh. unserer Zeitrechnung. Später diente dieses Amphitheater als »Steinbruch«, so beispielsweise auch beim Bau des Doms.

Der Via Etnea weiterhin folgend kommt man am Stadtpark **Villa Bellini** – einer Oase der Ruhe – vorbei. Noch ein kleines Stück weiter nördlich befindet sich der **Orto Botanico**. Versteckt inmitten des Großstadtdschungels birgt der Botanische Garten zahlreiche exotische Pflanzen.

Sehenswertes

Duomo di Sant' Agata → S. 55, bc 3

Im Kern geht der dreischiffige Dom zwar auf die Normannenzeit zurück, doch nach dem großen Erdbeben von 1693 wurde das beschädigte Gotteshaus in die barocke Umgestaltung des Stadtbildes mit einbezogen. Die Pläne stammten von Girolamo Palazzotto sowie von dem berühmten palermitanischen Architekten Giovanni Battista Vaccarini, der auch ein beachtenswertes Portal von 1577 und antike Säulen aus dem römischen Theater in die Fassade integrierte. Der Komponist Vincenzo Bellini fand im Dom seine letzte Ruhestätte.

Piazza del Duomo; tgl. 9–13, 16–19 Uhr

San Nicolò → S. 55, a 3

Die Kirche des ehemaligen Benediktinerklosters ist der größte Sakralbau Siziliens. Das gewaltige barocke Gebäude entstand zwischen den Jahren 1695 und 1735, wurde jedoch nicht vollendet. Tritt man in das dreischiffige Innere, so verblüfft weit weniger die Dimension der Kirche als ihre Schmucklosigkeit.

Piazza Dante; tgl. 9–13 Uhr, Di und Do 15–18 Uhr

Teatro Bellini → S. 55, c 3

Das im Stil der Neorenaissance errichtete Theater zeugt von der Opernleidenschaft der Italiener. Es genießt zu Recht den Ruf, eines der schönsten Theater südlich der Alpen zu sein. Um die prächtige Innenausstattung bestaunen zu können, muss man jedoch eine Aufführung besuchen.

Piazza Bellini; im Sommer geschl.

Teatro Romano → S. 55, b 3

Das römische Theater liegt ziemlich versteckt in einem Wohnviertel im Zentrum Catánias. Geht man durch eine unscheinbare Hauseinfahrt hindurch, so überrascht die Größe des Theaters. In der Antike bot das Teatro Romano mindestens 7000 Zuschauern Platz. Errichtet wurde es aus schwarzen Lavablöcken, Ziegelsteinen und Marmor.

Via Vittorio Emanuele II 266; Di–So 9–13 und 14 Uhr bis 1 Stunde vor Sonnenuntergang; Eintritt 2 €

Via Crociferi → S. 55, b 3

Die Via Crociferi, die barocke Prachtstraße Catánias, verläuft parallel zur Via Etnea. Die ruhige, rund 1 km lange Straße wird an beiden Enden von einem Bogen abgeschlossen. Viele monumentale Kirchen und Paläste, die zumeist von geistlichen Herren bewohnt waren, säumen den Straßenzug. Hervorzuheben ist die Kirche **San Giuliano**, ein Werk von Giovanni Battista Vaccarini.

Museen

Castello Ursino → S. 55, b 4

Der quadratische Festungsbau mit den wuchtigen runden Ecktürmen beherbergt seit 1934 das Stadtmuseum, das wichtige Privatsammlungen vereint. Seit längerem sind aufwendige Restaurierungsarbeiten im Gange, deren Ende noch nicht abzusehen ist. Dennoch kann man einen kleinen Teil der leeren Räume des Kastells in Augenschein nehmen, das im Auftrag Friedrichs II. von 1239 bis 1250 errichtet wurde. Wie man an diesem funktionalen Bau des Stauferkönigs erkennen kann, legte er wenig Wert auf äußeren Schmuck. Bis zum Ätnaausbruch im Jahre 1669 lag das Castello Ursino direkt am Meer, doch haben die Lavamassen den Küstenverlauf verschoben.

Piazza Federico di Svevia; Mo–Sa 9–13 Uhr; Eintritt frei

Museo Belliniano ⇢ S. 55, b 3

Das im Geburtshaus des Opernkomponisten Vincenzo Bellini (1801–1835) untergebrachte Museum widmet sich gänzlich dem berühmtesten Sohn der Stadt. Mit seinen Opern »Norma«, »La Sonnambula« und »I Puritani« waren Bellini große Erfolge vergönnt, die er in Neapel, Mailand und Paris feierte.

Piazza San Francesco 3; Mo–Sa 9–13, Di und Do 15–18, So bis 12.30 Uhr; Eintritt frei; z. Zt. wg. Renovierung geschl.

Essen und Trinken

Metrò ⇢ S. 55, b 3

Bodenständige sizilianische Küche, besonders zu empfehlen ist beispielsweise »cipollata di tonno«, ein Zwiebelgericht mit Tunfisch. Gute Weinauswahl.

Via Crociferi; Tel. 0 95/32 20 98; Sa mittags und So geschl. ●● CREDIT

Pierrot ⇢ S. 55, bc 3

Mittelding zwischen American Bar, Restaurant und Pizzeria. Schneller Service und freundliche Atmosphäre. Weiteres Plus: bis 3 Uhr geöffnet.

Via Antonino di Sanguiliano 190; Tel. 0 9 57 15 05 55; Mi geschl. ●

AmEx MASTER VISA

Einkaufen

Bei der Porta Uzeda taucht man ein in das von Feilschen und Stimmengewirr untermalte Gedränge der **Pescheria** (⇢ S. 55, b 4). Der Fischmarkt gehört zum Pflichtprogramm einer Stadtbesichtigung! 5

Ein anderer attraktiver Markt, **La Fiera** (⇢ S. 55, c 2), mit breiterer Angebotspalette befindet auf der Piazza Carlo Alberto.

Und in der **Via Etnea** (⇢ S. 55, b 1-3) findet sich das gesamte Einkaufsspektrum einer italienischen Großstadt.

Am Abend

Im Sommer geht es in Catánia ruhig zu, viele Bars haben geschlossen. Das Nachtleben verlagert sich in den Vorort Ognina und andere Küstenorte.

Catánia ist die zweitgrößte Stadt Siziliens – auf ihren Straßen pulsiert das Leben.

Service

Auskunft

AAPIT

Via Domenico Cimarosa 10, 95124 Catánia; Tel. 09 57 30 62 11, Fax 0 95 31 64 07; www.apt.catania.it

Ziele in der Umgebung

Acireale

→ S. 121, E 9

51 000 Einwohner

Eine Barockstadt mit Flair. Wie Catánia wurde auch Acireale mehrfach von den Lavamassen des Ätna und vom Erdbeben 1693 zerstört. Auf einer Lavaterrasse über dem Meer wurde es wieder aufgebaut. In der Altstadt, vor allem rund um die **Piazza del Duomo,** sind zahlreiche prächtige Barockpaläste und -kirchen erhalten (die bedeutendsten: **Chiesa dei Santi Pietro e Paolo, Chiesa San Sebastiano**). Dem Corso Umberto in nördlicher Richtung folgend, stößt man auf den Stadtpark **Villa Belvedere**, der eine schöne Aussicht auf den Ätna und das Meer bietet.

15 km von Catánia

Adrano

→ S. 118, C 8

31 000 Einwohner

Das freundliche, von dem Tyrannen Dionysios I. von Syrakus gegründete Landstädtchen, gefällt unter anderem wegen seiner großzügigen Grünanlagen – ein für sizilianische Städte recht ungewöhnliches Bild. Im Zentrum von Adrano steht ein quadratisches, turmbewehrtes **Normannenkastell,** das allerdings nicht besichtigt werden kann.

30 km von Catánia

Paternò

→ S. 121, D 9

45 000 Einwohner

Dank der fruchtbaren Lavaböden entwickelte sich die ländliche Stadt am Südwesthang des Ätna zum Zentrum des Orangenanbaus. Auf einem Lavafelsen thront ein **Normannenkastell**, aus dem 11. Jh., das allerdings im 14. Jh. baulich verändert wurde. Es erlaubt einen guten Blick auf den Ätna.

18 km von Catánia

Die Fontana dell' Elefante (→ S. 55) auf dem Domplatz ist das Wahrzeichen Catánias. Der Elefant ist aus schwarzem Lavagestein und trägt einen Obelisken auf dem Rücken.

4 Der Ätna

Der Feuerkoloss hört nicht auf zu spucken. Die Sizilianer sind an den störrischen Nachbarn gewöhnt.

Der Ätna ist nicht nur der größte, sondern auch der beeindruckendste Vulkan Europas. Ehrfurchtsvoll bezeichnen die Einheimischen ihn als Mongibello, Berg der Berge – eine italienisch-arabische Wortschöpfung. Der Gipfel des Ätna ist ca. 3350 Meter hoch. Doch seine Höhe kann sich täglich ändern, denn der Ätna lebt, und bei jedem größeren Ausbruch »wächst« er um ein paar Meter.

Schon die ersten Bewohner Siziliens waren von dem gigantischen Vulkan fasziniert. Die Griechen und Römer wähnten göttliche Kräfte am Werke. Einer Legende zufolge hatte Hephaistos, der griechische Gott des Feuers und der Schmiedekunst, im Krater des Ätna seine Werkstatt. Eine andere Legende besagt, der Riese Polyphem schleuderte dem übers Meer flüchtenden Odysseus feurige Felsbrocken hinterher. Während die Römer vermuteten, dass der Feuergott Vulcanus die Eruptionen verursachte, hatten die ersten christlichen Sizilianer eine andere Deutung parat: Für sie war der Ätna schlicht und einfach der Eingang zur Hölle.

Langsam – aber aktiv

Wissenschaftlich betrachtet, ist der Ätna ein »langsamer« Vulkan, der seit etwa 500 000 Jahren aktiv ist. Es wird vermutet, dass sich in einigen Kilometern Tiefe mehrere unter Druck stehende Magmakammern befinden, die den Vulkan in ungleichen Abständen zum Ausbruch bringen. Zumeist öffnen sich an den Bergflanken kleinere Nebenkrater und Spalten, aus denen die 1000 Grad Celsius heiße Lava herausströmt. Anfangs als schneller dünner Strom, schließlich immer langsamer, so als ob Honig fließt, bis die Lava schließlich ganz erstarrt. Längere Ruheperioden des

»Feuerkolosses« sind nicht überliefert. Erst unlängst ereigneten sich zwei größere Eruptionen: Im Jahre 1992 kam der Lavastrom erst kurz vor der Ortschaft Zafferana Etnea zum Stehen. An den Rettungsversuchen war auch die amerikanische Marine beteiligt, die von Helikoptern riesige Betonblöcke abwarf, um den glühenden Strom zu stoppen. Zuletzt wurden im Sommer 2001 Teile der Liftanlagen zerstört.

Ein unberechenbarer Nachbar

Weggezogen ist niemand. Die Menschen, die am Ätna leben, haben ihre eigene Art, mit der Bedrohung durch den unruhigen Nachbarn umzugehen: mit einem unbändigen Willen zur Normalität und dem unerschütterlichen Vertrauen auf höhere Mächte. Trotz der Gefahr ist die Umgebung dicht besiedelt – der vulkanische Boden ist nämlich äußerst fruchtbar.

Schneeweiß ist der Feuerberg im Winter und Frühjahr, selbst Skifahren ist dann möglich. Die ganze Schönheit des Vulkans offenbart sich nur bei einer Kraterwanderung. Egal, ob man sich dem Ätna von seiner Nord- oder Südflanke nähert, ab einer Höhe von knapp 2000 Metern muss man auf einen Geländewagen umsteigen – oder man läuft. Die letzten Höhenmeter können ohnehin nur zu Fuß und in Begleitung eines kundigen Bergführers zurückgelegt werden. Nur Lebensmüde erkunden die 1981 zum Naturpark erklärte Gipfelregion auf eigene Faust. Wetterumschwünge und Windböen, die auf Orkanstärke anschwellen können, machen aus einem Alleingang ein äußerst riskantes Unterfangen. Nicht wenige haben sich schon in dem unübersichtlichen Terrain verlaufen. Besondere Gefahr droht, wenn die Sicht durch die vom Schwefel getrübte Luft oder dichte Nebelschwaden eingeschränkt ist, so dass Nebenkrater und die kleinen, wie kochende Schlangen den Berg hinabfließenden Lavaströme nur schwer auszumachen sind. Trotz aller Warnungen kommen bei leichtsinnigen Kletterpartien ohne einen kundigen Führer fast jedes Jahr Menschen ums Leben.

Am Gipfel angekommen, ist die Fernsicht überwältigend: An klaren Tagen blickt man mehr als hundert Kilometer weit ins Landesinnere sowie über die Ionische und Thyrrenische Küste (→ S. 53, 91).

Energisch bringt sich der Ätna immer wieder in Erinnerung. Seine stets präsente, karge Schönheit lässt sich am besten auf einer Kraterwanderung bewundern.

Der Süden und Südosten

Glanzvolle Barockstädtchen und prachtvolle antike Bauten erzählen Geschichte.

Ein besonders gut erhaltenes Zeugnis des einstigen Reichtums Agrigents ist der imposante Concordia-Tempel (→ S. 65).

Der Südosten Siziliens ist berühmt für seine großartigen Barockstädte und -kirchen. Angesichts der Städte Noto, Ragusa und Módica geraten nicht nur Architekturliebhaber ins Schwärmen. Der Besuch von Siracusa ist ein Muss. In der größten Stadt des antiken Siziliens sind noch zahlreiche Altertümer erhalten. Landschaftsgenießern empfiehlt sich ein Ausflug zu den Nekropolen von Pantálica. Besonders eindrucksvoll sind die griechischen Hinterlassenschaften in Agrigento: Der fast vollständig erhaltene Concordia-Tempel und das Ruinenfeld des Zeus-Tempels künden vom einstigen Reichtum der Stadt.

Sciacca wiederum ist das älteste Thermalbad der Insel. Seit mehr als 2000 Jahren hat sich um die in Naturgrotten sprudelnden jod- und bromhaltigen Quellen ein reger Kurbetrieb entwickelt.

Agrigento

····> S. 117, E 4

53 000 Einwohner

Der griechische Dichter Pindar rühmte die Stadt als »schönste der sterblichen Städte«. Noch heute gilt: An den Tempeln Agrigents führt kein Weg vorbei.

Agrigento ist eine Stadt mit vielen Gesichtern: Da sind die unansehnlichen Betonburgen der Nachkriegszeit, die den Blick auf den mittelalterlichen Stadtkern verstellen. 2 km südlich davon befinden sich Tempel und Grundmauern des antiken Akragas. Die gewaltige Ausdehnung des antiken Bezirks und die stattlichen Tempelanlagen – keine andere griechische Stadt soll mehr Tempel besessen haben – lassen die einstige Bedeutung Agrigents erahnen.

Mehr als 200 000 Menschen sollen im antiken Agrigent gelebt haben, das 581 v. Chr. unter dem Namen Akragas von griechischen Siedlern als Kolonie von Gela gegründet worden war. Im fünften vorchristlichen Jahrhundert erlebte Agrigent eine kurze, glanzvolle Blütezeit, verlor dann aber schnell an Bedeutung. Trotz aller antiker Pracht sollte man es aber nicht versäumen, durch die Gassen der mittelalterlichen Stadt zu schlendern.

Hotels/andere Unterkünfte

Baglio della Luna

Traumhaft einsam gelegenes Hotel in einem restaurierten Herrensitz. Ein besonderes Lob verdient auch das zugehörige Restaurant.

Contrada Maddalusa; Tel. 09 22 51 10 61, Fax 09 22 59 88 02; www.bagliodellaluna.com; 48 Betten ●●● CREDIT

Bella Napoli

Einfaches, jüngst restauriertes Hotel inmitten der Altstadt– am Ende der Via Atenea.

Piazza Lena 6; Tel./Fax 0 92 22 04 35; www.hotelbellanapoli.com; 67 Betten ● CREDIT

Spaziergang

Der Spaziergang beginnt an der Piazzale Aldo Moro und dauert je nach Lust und Laune zwei bis vier Stunden. Das Zentrum Agrigentos betritt man durch das dort gelegene **Porta Atenea**. Das Stadttor stammt aus dem 19. Jh. und wurde anstelle der abgetragenen mittelalterlichen Stadtbefestigung errichtet. Dahinter erstreckt sich die **Via Atenea**, eine von Patrizierhäusern gesäumte, elegante Einkaufs- und Flaniermeile.

Rechter Hand lohnt ein Abstecher über die Via Porcello und die Salita Santo Spirito zu dem im 13. Jh. gegründeten **Kloster Santo Spirito**. Die Fassade zeigt ein Stilgemisch aus Gotik und Barock (gotisches Portal und Fensterrose, barocker Giebelabschluss). Die Innenausstattung der Klosterkirche präsentiert sich im barocken Gewand, recht stimmungsvoll wirkt der verfallene Kreuzgang. Das ehemalige Refektorium birgt heute die Stadtbibliothek.

Zur Via Atenea zurückgekehrt folgt man ihr zur barocken **Chiesa del Purgatorio** am gleichnamigen Platz. Ein Stück weiter verbreitert sich die Straße zur **Piazza Pirandello,** wo sich auch das Rathaus befindet. Oberhalb des Rathauses erstreckt sich ein von Treppen und Gassen durchzogenes Viertel bis hinauf zum Dom. Mitten in diesem Gewirr der Altstadtgassen steht die kleine normannische Kirche **Santa Maria dei Greci**.

Sehenswertes

Casa Natale di Luigi Pirandello

Im Weiler Caos, abseits der SS 115, liegt das Geburtshaus des Literaturnobelpreisträgers Luigi Pirandello (1867–1936). In das originalgetreu eingerichtete Haus zog 1952 ein Museum ein, dessen Ausstellung dem Dichter gewidmet ist. Schmunzeln kann man über ein ausgestelltes Zeugnis, das ihm die Note vier in italienischer Sprache bescheinigt.

Tgl. 9–13 und 16–19 Uhr; Eintritt 2 €

Duomo

Am höchsten Punkt der Altstadt erhebt sich der im 11. Jh. begonnene und im 13./14. Jh. erweiterte Dom. Von der barocken Freitreppe aus hat man einen weiten Blick über die westliche Umgebung von Agrigento. Das Gotteshaus vereint verschiedene Stilepochen; die Holzdecke aus dem frühen 16. Jh. und der barocke Chor sind besonders sehenswert.

Santa Maria dei Greci

Etwas versteckt in der Altstadt unterhalb des Doms liegt diese kleine gotische Kirche. Die in einem angrenzenden Kellerraum zu sehenden Reste eines griechischen Tempels zeugen von der im frühen Mittelalter häufig vorkommenden Umwandlung heidnischer Tempel in Gotteshäuser. Wer die Kirche besichtigen will, muss zuvor den freundlichen Küster aufsuchen. Dieser wohnt gegenüber dem benachbarten Lebensmittelgeschäft und freut sich über ein Trinkgeld.

In Agrigento trifft man allerorten auf die Vergangenheit. Das Oratorium des Phalaris liegt im archäologischen Bezirk.

Valle dei Templi (Tal der Tempel)
Die griechischen Tempel liegen verstreut auf einem lang gestreckten, steil abfallenden Hügel unterhalb der heutigen Stadt. Nähert man sich den antiken Bauten vom gebührenpflichtigen Parkplatz (1,50 €) über die Via dei Templi, so trifft man im östlichen Tempelbezirk zuerst auf den **Heraklestempel**. Dieser wurde ca. um 500 v. Chr. errichtet und ist der größte und älteste Ringhallentempel der Stadt. Von der großen Ringhallenanlage stehen seit der Restaurierung 1923 wieder acht Säulen der Südseite.

Ein paar hundert Meter weiter prunkt der imposante **Concordia-Tempel** in der Sonne. Er hat die Wirren der Zeit nur deshalb so gut überstanden, weil er im 6. Jh. zur christlichen Kirche geweiht worden war. Er zählt zu den besterhaltenen Bauwerken der griechischen Antike und verkörpert die vollendete klassische Form dorischer Sakralarchitektur. Schon Goethe lobte seine »schlanke Baukunst«. Der Concordia-Tempel verdankt seine filigrane Wirkung den ästhetischen Kenntnissen seiner Baumeister, die die Säulen im unteren Drittel leicht verbreiterten und so dem Tempel trotz seiner Größe Elastizität und Leichtigkeit verliehen.

Die Reihe schließt mit dem **Juno- oder Heratempel**, von dessen erhabenem Ruinencharakter schon der berühmte Romantiker Caspar David Friedrich zum Malen angeregt wurde. Immer wieder stößt man in dem weitläufigen Areal auf griechische und römische **Nekropolen** (Grabstätten).

Auf der anderen Seite liegt der westliche Tempelbezirk. An den einstigen **Tempel des Zeus** erinnert zwar nur noch ein Trümmerfeld, doch allein die monumentalen Ausmaße (56,3 x 112,6 m) sind beeindruckend. Die Säulen hatten einen Durchmesser von 4,05 m! Dieser größte dorische Tempelbau der Antike wurde 480 v. Chr. nach dem Sieg über die Karthager errichtet. Doch das Blatt der Geschichte wendete sich: 406 v. Chr. gingen die Karthager als Sieger aus einer kriegerischen Auseinandersetzung hervor unf zerstörten die gesamte Stadt und den noch nicht vollendeten Tempel des Zeus. Die Skulpturen von 14 Telamonen (kraftvolle architektonische Trägerfiguren) stützten einst die Giebel. Bei dem einzigen noch auf dem Gelände befindlichen Telamon handelt es sich allerdings nur um eine Kopie.

Das Areal wird begrenzt von einem **Heiligtum der Erdgottheiten** mit zwei Altären und dem so genannten **Castor- und Polluxtempel**. Seine vier Säulen, die über Eck wieder errichtet wurden und Teile vom Gebälk und Giebel tragen, sind das Wahrzeichen Agrigents.

Tgl. von 9 Uhr bis eine Stunde vor Sonnenuntergang, der östliche Tempelbezirk kann auch nachts besucht werden; Eintritt 6 €, östlicher Tempelbezirk Eintritt frei

MUSEEN

Museo Archeologico Regionale
Im Zentrum der antiken Stadt, die von einer 13 km langen Mauer umgeben ist, befindet sich das archäologische Museum mit einer der bedeutendsten archäologischen Sammlungen Siziliens. Herausragend sind vor allem die antiken Vasen. Gewaltig wirkt ein 7,75 m großer Telamon, der einst den Oberbau des Zeustempels stützte.

Das Museum grenzt an die einstige **Zisterzienserkirche San Nicola.** Die Kirche besitzt ein schönes gotisches Portal. Im Inneren birgt sie mit dem Phädra-Sarkophag ein antikes Meisterwerk. Auf der dem Museum gegenüberliegenden Straßenseite wurde ein **römisch-hellenistisches Wohnviertel** ausgegraben, das bis etwa eine Stunde vor Sonnenuntergang besichtigt werden kann.

An der Straße zum Valle dei Templi; tgl. 9–13 und 14–19.30 Uhr (Mo nur 9–13 Uhr); Eintritt 6 €

Essen und Trinken

Le Caprice
Eine lohnende Adresse im nahen Badeort San Leone. Der Küchenchef versteht auch anspruchsvolle Gaumen zufriedenzustellen. Zahlreiche gute Weine aus der Region.
Via Cavaleri Magazzeni,
Tel. 09 22 41 13 64 ●●● CREDIT

La Forchetta
Einfache Trattoria, in der vorwiegend jüngeres Publikum verkehrt.
Piazza San Francesco 11; Tel. 09 22 59 26 61; im Winter So geschl. ●● AmEx MASTER VISA

Leon d'Oro
Anspruchsvolle sizilianische Küche in einem angenehmen Ambiente unweit der antiken Tempelanlagen.
Viale Emporium 102, Tel. 09 22 41 44 00; Mo geschl. ●● CREDIT

Trattoria dei Templi
Klassische italienische Küche mit einem Schwerpunkt auf Fischgerichten. Die gegrillten Tintenfische sind ein Genuss.
Via Panoramica dei Templi 15;
Tel. 0 92 40 31 10; Juli und Aug. So geschl., sonst Fr geschl. ●● CREDIT

Atenea
Die Trattoria liegt an einem kleinen, lauschigen Platz oberhalb der Via Atenea. Die Fischgerichte sind gut und zudem sehr günstig, aber auch die Pasta ist empfehlenswert.
Via Ficani 32; Tel. 0 92 22 02 47;
Sa und So geschl. ●

Am Abend

Das Nachtleben von Agrigento spielt sich in erster Linie im nahe gelegenen Badeort San Leone ab.

Service

Auskunft
AAPIT
Viale della Vittoria 255, 92100 Agrigento;
Tel. 09 22 40 13 52-4, Fax 0 92 22 51 85

Ziele in der Umgebung

Caltabellotta

⇢ S. 117, D 3

6000 Einwohner

Einem »Falkennest« gleich klebt Caltabellotta an der Spitze eines 949 m hohen Dolomitfelsens und gewährt eine grandiose Fernsicht. Caltabellotta spielte schon mehrmals in der sizilianischen Geschichte eine bedeutende Rolle. So verschanzten sich hier im Zweiten Sklavenkrieg (104–99 v. Chr.) die Aufständischen vor den Römern. 1200 Jahre später errichteten die Normannen auf dem höchsten Punkt des Felsens eine Burg, in der 1302 der Friede von Caltabellotta geschlossen wurde. Von der Kirche San Salvatore führt ein Treppenweg zur Ruine hinauf.
85 km von Agrigento

Eraclea Minoa

⇢ S. 117, D 3-4

Über schneeweißen Kreidefelsen liegen die Ruinen des antiken Eraclea Minoa. Die Stadt wurde im 6. Jh. v. Chr. von Siedlern aus Selinunt gegründet. 500 Jahre später zerstört, geriet Eraclea Minoa in Vergessenheit. Die 1907 begonnenen Ausgrabungen brachten wertvolle Ruinen zum Vorschein. Neben Resten der Befestigung, einem antiken Wohnviertel und dem kleinen Museum beeindruckt vor allem das griechische Theater. An der Küste südöstlich von Eraclea Minoa erstrecken sich kilometerlange goldgelbe Sandstrände.
13 km von Agrigento; tgl. 9 Uhr bis eine Stunde vor Sonnenuntergang; Eintritt 2 €

Gela

⇢ S. 120, B 11

78 000 Einwohner

Die Entdeckung der ergiebigen Erdölfelder vor der Küste haben im Jahre 1956 zu einem wahren Erdölboom ge-

Unterhalb von Eraclea Minoa liegt einer der schönsten Strände der Südküste.

führt, der sich auf das Stadtbild auswirkte: Es hat sich erheblich verschandelt. Angesichts der Raffinerien und Tankschiffefällt es schwer, in Gela eine der ältesten und bedeutendsten griechischen Städte auf Sizilien zu erkennen. Mit dem Tyrannen Gelon wurde die Hafenstadt zum Machtzentrum Siziliens. Gelon eroberte Syrakus und besiegte 480 v. Chr. die Karthager bei Imera. Nachdem Gela 280 v. Chr. von den Agrigentern zerstört worden war, blieb die Stadt bis weit ins Mittelalter verlassen. Erst der Stauferkaiser Friedrich II. gründete hier eine neue Stadt mit dem Namen Terranuova, die unter Mussolini ihren alten Namen wiederbekam.

75 km von Agrigento

Sehenswertes

Fortificazioni di Capo Soprano

Das 300 m lange Teilstück der einst 12 km langen antiken Stadtmauer zählt zu den besterhaltenen Stadtbefestigungen der griechischen Antike.

Tgl. von 9 Uhr bis eine Stunde vor Sonnenuntergang; Eintritt 3 €

Museen

Museo Nazionale e Parco Archeologico

Der moderne, erst 1995 renovierte Museumsbau beherbergt antike Keramik, prächtige Vasen und eine bemerkenswerte Münzsammlung. Alle Funde stammen aus dem Stadtgebiet und der Umgebung. Im angrenzenden archäologischen Park sind die Grundmauern eines antiken Stadtteils von Gela sowie die Reste eines Tempels zu sehen.

Corso Vittorio Emanuele 3; tgl. 9–13 und 15–18.30 Uhr; Eintritt jeweils 3 €

Mussomeli

→ S. 117, F 3

13 000 Einwohner

Mussomeli liegt im Hinterland von Agrigento. Im mittelalterlichen Zentrum stehen schöne Barockkirchen und Paläste. Auf einem Felssporn unweit von Mussomeli thront eine pittoreske Burg. Das **Castello Manfredonico** wurde im 14. Jh. von der Adelsdynastie der Chiaramonte errichtet. Das zinnengekrönte Kastell

ist in einem halbverfallenen, aber reizvollen Zustand, die Portale sind mit teilweise normannischen Zackenfriesen verziert.
40 km von Agrigento;
Sa/So 9–12 Uhr; Eintritt 2,50 €

Naro

S. 117, F 4

15 000 Einwohner

Das mittelalterliche Städtchen liegt auf einem knapp 600 m hohen Hügel. Es wird von einem **Kastell** des Fürstengeschlechts Chiaramonte gekrönt und ist teilweise noch von einer mittelalterlichen Stadtmauer umgeben. In der Altstadt drängt sich eine ganze Reihe barocker Kirchen, unter denen **San Francesco** herausragt. Vom Zentrum Naros zieht sich eine rund 100 m lange, imposante **Treppe** den Berg hinauf.
35 km von Agrigento

Sciacca

S. 117, D 3

40 000 Einwohner

Die lebhafte Kleinstadt mit Fischereihafen ist ein beliebter Thermal- und Badeort. Schon in der Antike gegründet, entwickelte sich Sciacca im Mittelalter zu einer bedeutenden Handelsstadt, deren Stadtmauern und Tore noch heute teilweise erhalten sind. Eindrucksvoll liegt die terrassenartige **Piazza Angelo Scandaliato** mit Blick aufs Meer. Das schönste Gebäude von Sciacca ist der im sizilianisch-katalanischen Stil errichtete **Palazzo Steripinto.** Man erreicht den zinnengekrönten Bau von der Piazza Angelo Scandaliato über den Corso Vittorio Emanuele.

Einige Kilometer westlich des Ortes stößt man beim **Castello Incantato** auf einen romantischen Berggarten mit über 3000 Kopfskulpturen (Di–So 10–12 und 16–20 Uhr, im Winter bis Sonnenuntergang).
85 km von Agrigento

Siracusa

S. 121, E 10

120 000 Einwohner
Stadtpläne → S. 69, 71

Siziliens Kunstmetropole heißt Siracusa. Keine andere Stadt auf der Insel ist so reich an Kulturschätzen aus den unterschiedlichsten Epochen.

Siracusa setzt sich aus zwei völlig gegensätzlichen Stadtteilen zusammen: die Altstadt (**Ortigia**) und die von einem Neubaugebiet umgebenen antiken Ruinen (**Siracusa-Neapoli**). Die freundliche Altstadt mit ihren verwinkelten Gassen wurde auf dem hellen, harten Stein der Insel **Ortigia** erbaut, die mit zwei Brücken am Festland »vertäut« ist. Ein Stück weit im Landesinneren befindet sich das Ruinenfeld aus griechisch-römischer Zeit. Das griechische Theater, das »Ohr des Dionysios« und das römische Amphitheater liegen heute inmitten eines bis ans Meer reichenden, typischen Neubauviertels. Weithin sichtbar überragt der monumentale Betonrundbau der Wallfahrtskirche Madonna delle Lacrime das moderne Siracusa.

Siracusa ist eine sehr angenehme Stadt, die im völligen Gegensatz zur Hektik von Palermo oder Catánia steht. Vor allem vom historischen Zentrum geht eine fast kleinstädtische Beschaulichkeit aus. Für einen Badeurlaub ist die Stadt allerdings weniger geeignet, da das Meer ziemlich verschmutzt ist. Der nächste schöne Strand liegt 15 km weiter westlich bei Fontane Bianche.

Wer aus dem Norden anreist, bekommt am leichtesten einen Eindruck von der Größe und Bedeutung des antiken Syrakus. Das weit außerhalb des heutigen Stadtzentrums gelegene Castello Euríalo ist nämlich ein Teil der von Dionysios I. errichteten Verteidigungsanlagen mit einer 22 km langen Stadtmauer.

Damals, vor 2400 Jahren, lebte eine halbe Million Menschen in Syrakus. Die Stadt war eine der mächtigsten des gesamten Mittelmeerraums. Der zum Dom umgebaute Athenatempel und das griechische Theater erzählen als steinerne Zeugen von dieser kulturellen Glanzzeit. Fatal waren die Folgen eines Bündnisses mit Karthago: In der folgenden Auseinandersetzung mit Rom wurde Syrakus nach langer Belagerung erobert und verkam zur Provinzstadt.

Hotels/andere Unterkünfte

Domus Mariae → S. 71, c 2
Angenehmes Stadthotel im Herzen der Altstadt.
Via Vittorio Veneto 76; Tel. 0 93 12 48 54, Fax 0 93 12 48 59; www.sistemia.it/domusmariae; 45 Betten ●●● CREDIT

Fontane Bianche → S. 121, E 10
Modernes Hotel 15 km westlich von Siracusa mit schönem Sandstrand, Swimmingpool, Kinderspielplatz.
Via Mazzarò 1; Tel. 09 31 79 06 11, Fax 09 31 79 05 71; www.ventaglio.com; 308 Betten; von Okt.–Mitte März geschl. ●●● CREDIT

Grand Hotel → S. 71, a 2
Nach der Renovierung 1995 wurde das Grand Hotel seinem Namen wieder gerecht.
Viale Mazzini 12; Tel. 09 31 46 46 00, Fax 09 31 46 46 11; www.grandhotelsr.it; 105 Betten ●●● CREDIT

Gran Bretagna → S. 71, a 2
Das freundliche, verschachtelte Hotel auf der Insel Ortigia ist seit seiner Renovierung eine empfehlenswerte Unterkunft im Zentrum.
Via Savoia 21; Tel./Fax 0 93 16 87 65; www.hotelgranbretagna.it; 19 Betten ●● CREDIT

Spaziergang

Die Insel Ortigia mit dem mittelalterlichen Zentrum ist durch eine Brücke mit dem Festland verbunden. Ein Spaziergang auf der nur 1600 m langen und bis zu 600 m breiten Insel nimmt zwei bis drei Stunden in Anspruch.

Gleich bei der Piazza Pancali stehen die Reste des **Tempio di Apollo**, des Apollotempels; es handelt sich um den ältesten dorischen Tempel Siziliens. Der von eleganten Geschäften gesäumte Corso Matteotti öffnet sich zur **Piazza Archimede** mit dem Artemisbrunnen. Weiter geht es zur halbmondförmigen **Piazza Duomo**; der von barocken Bauten eingerahmte Platz dient Brautpaaren gerne als stimmungsvolle Kulisse für das Hochzeitsfoto. Nach einer Besichtigung des Domes schlendert man hinunter zur **Fonte Aretusa**, einer in Stein gefassten Süßwasserquelle mit Papyrusstauden. Die Via Capodieci führt nun zum **Palazzo Bellomo** mit dem **Museo Regionale**. Die **Via Roma** und die **Via della Maestranza** eignen sich gut, um die Altstadt zu durchqueren und nebenbei das eine oder andere Geschäft aufzusuchen. Zurück zum Ausgangspunkt gelangt man am einfachsten entlang der Uferstraße.

Dorische Säulen stützen den Dom Santa Maria delle Colonne in Siracusa.

Sehenswertes

Basilica e Catacombe di San Giovanni

⇢ S. 69, c 1

Gleich in der Nähe des Archäologischen Museums stehen die Reste der kleinen Kirche San Giovanni. In der dazu gehörigen Krypta San Marcianos soll bereits der Apostel Paulus gepredigt haben. Die Katakomben von San Giovanni stammen aus dem 4. und 5. Jh. Die frühchristliche Nekropole besteht aus einem weit verzweigten Netz unterirdischer Gänge. Links und rechts einer als Hauptstraße dienenden Achse wurden Grabkammern in den Fels geschlagen. Bedeutende Personen bestattete man an kleinen Plätzen, damit die reliefgeschmückten Sarkophage besser zur Geltung kamen.

Mi–Mo 9–12.30 und 14.30–16.30 Uhr; Eintritt 3,50 €

Duomo Santa Maria delle Colonne

⇢ S. 71, b 4

Die Kathedrale ist eine kongeniale Ergänzung von antiken Bauformen und christlicher Sakralarchitektur. Wer vom Domplatz aus auf die barocke Fassade blickt, ahnt nichts von dem antiken »Skelett«: Dorische Säulen stützen das Gotteshaus. Es handelt sich um den berühmten Athenatempel, den die Syrakuser nach der siegreichen Schlacht von Himera (480 v. Chr.) errichteten. Beim Umbau in eine dreischiffige christliche Basilika wurden die Cellawände aufgebrochen und zu Arkaden erweitert. Mit der Beseitigung der barocken Ausstattung erhielt der Dom seine mittelalterlich-antike Aura zurück. In einer der drei Kapellen des rechten Seitenschiffs befindet sich ein wertvolles, mit bronzenen Löwen verziertes Taufbecken (12./13. Jh.).

Tgl. 8–12 und 16–19 Uhr

Siracusa-Ortigia
Porto Piccolo
Riva N. Sauro
Darsena
Pza. della Posta
Via Eritrea
Ponte Nuovo
Via Lanza
Via Trieste
Via Trento
Via E. de Benedictis
Via Dione
Lungomare di Levante
Via Vittorio Veneto
Pza. Pancali
Largo XXV Luglio
Tempio di Apollo
Via Resalibera
Basilica di San Pietro Apostolo
Via Mirabella
San Tommaso
San Filippo Neri
Pal. Gargallo
Via dei Tolomei
Ísole dei Cani
Riva Garibaldi
Via dei Mille
Settembre
Via XX
Via Savoia
Vle. Mazzini
Stazione, Basilica e Catacombe di San Giovanni, Museo del Papiro, Parco Archeologico, Museo Archeologico Regionale
7
Pza. Porta Marina
Porta Marina
Via Arezzo
S. Maria dei Miracoli
Via Cavour
Corso Matteotti
Via Gemmellaro
Via Scinà
Pal. Montalto
Pza. Archimede
Fontana di Artemide
San Francesco
Via della Maestranza
Pal. Lanza
Pal. Beneventano del Bosco
Municipio
Via Roma
Via Crocifisso
Via della Giudecca
Porto Grande
Fcro Vittorio Emanuele II
Passeggio Adorno
Via Minerva
Pza. Duomo
Duomo S. Maria delle Colonne
Pal. Arcivescovile
San Giovanni Battista
Via M. Minniti
Via del Teatro
Via Larga
San Giuseppe
Via Nizza
Via Eolo
Via Picherali
Santa Lucia alla Badia
Via G. Zummo
Via Galilei
P. Aretusa
Pal. Bellomo, Museo Regionale
Fonte Aretusa
Via Capodieci
Lungomare Alfeo
Via Castello Maniace
V. S. Teresa
Via Salomone
Lungomare d'Ortigia
Spirito Santo
Via Abela
Ionisches Meer
Malta
Castello Maniace
0
300 m
a
b
c
1
2
3
4
5
6
© MERIAN-Kartographie

Parco Archeologico ⇢ S. 69, a 1/b 2
Der archäologische Park von Siracusa umfasst mehrere antike Bauten aus verschiedenen Epochen.

Zuerst trifft man auf den Altar Hieron II. (Ara di Ierone II), eine Opferstätte mit riesigen Ausmaßen (23 x 198 m), auf der Zeus zu Ehren alljährlich 450 Stiere geopfert wurden. Das in den nackten Fels geschlagene griechische Theater gehört zu den größten der Antike. Während der Blütezeit der Stadt wurden hier unter anderem die Tragödien von Aischylos uraufgeführt.

In den angrenzenden Steinbrüchen fristeten einst die Gefangenen von Syrakus ihr Dasein. Kühle frische Luft bietet das **Ohr des Dionysios** eine exzentrisch geformte künstliche Höhle, die sich durch eine besondere Akustik auszeichnet. Der Weg zum **römischen Amphitheater**, das beim Ausgang des Parks liegt, ist von Steinsarkophagen gesäumt. Im Inneren der großzügig bemessenen Anlage befindet sich ein Wasserbecken; es ist allerdings nicht bekannt, in welcher Form es in die Gladiatorenkämpfe einbezogen worden ist.

Tgl. von 9 Uhr bis zwei Stunden vor Sonnenuntergang; Eintritt 6 € (Kombiticket mit dem Museo Archeologico und dem Museo Regionale 10 €)

Museen

Museo Archeologico Regionale Paolo Orsi ⇢ S. 69, c 1
Das Museum wurde 1988 in einem ansprechenden Neubau eröffnet. In 7 mehrere thematische Sektionen unterteilt, gewährt die Sammlung interessante Einblicke in die Vergangenheit Südostsiziliens, angefangen mit der Vor- und Frühgeschichte über die griechische Epoche bis hin zur römischen Zeit. Zu den herausragendsten Exponaten der umfangreichen Sammlung zählt das Skelett eines Zwergelefanten und die Marmorstatue der Venus Landolina, eine römische Kopie nach griechischem Vorbild.

Hinter dem Hafen von Siracusa schlängeln sich die Gassen durch die Altstadt, die auf einer Insel erbaut wurde.

Viale Teocrito 66; Di–So 9–13, Mi–Fr 15.30–18.30; Eintritt 4,50 € (Kombiticket mit Museo Regionale 6,50 €)

Museo del Papiro ⇢ S. 69, c 1
Das kleine Papyrus-Museum vermittelt einen Einblick in die Nutzung der Papyrusstaude.
Viale Teocrito 66; Di–So 9–14 Uhr; Eintritt frei

Museo Regionale ⇢ S. 71, b 4
Der Palazzo Bellomo, ein staufischer Adelspalast, beherbergt eine sehenswerte Kunstgalerie. Ausgestellt sind Gemälde, Skulpturen und sakrale Kunstgegenstände vom Mittelalter bis in das 18. Jh., darunter Werke von Antonello da Messina, dem berühmtesten Maler Siziliens, und Caravaggio. Kindern dürfte die umfangreiche Sammlung von Krippenfiguren aus dem 18. bis 20. Jh. Freude machen.
Via Capodieci 16; tgl. 9–14, Mi, Fr, Sa 15–19 Uhr; Eintritt 4,50 €

Essen und Trinken

Minosse ⇢ S. 71, b 2
Küchenchef Antonio Viesetti versteht es, auch anspruchsvollen Gaumen gerecht zu werden.
Via Mirabella 6; Tel. 0 93 16 63 66; Mo und Nov. geschl. ●●● AmEx MASTER VISA

La Rambla S. 71, a 2
Durchgestyltes, etwas kühles Restaurant mit Bar.
Riva Garibaldi 4; Tel. 0 93 16 66 38; Mo geschl. ●●● CREDIT

Da Mariano S. 71, b 5
Gute Osteria mit rustikalem Flair in der Nähe der Fonte Aretusa.
Vicolo Zuccolà 9; Tel. 0 93 16 74 44; Di geschl. ●● CREDIT

La Foglia S. 71, b 4
Die kleine, liebevoll geführte Trattoria ist sehr persönlich eingerichtet. Täglich wechselnde Gerichte, vegetarische und mediterrane Küche.
Via Capodieci 39; Tel. 0 93 16 62 33; Fr abends geschl. ●● AmEx DINERS

Zsa S. 71, b 3-4
Schönes Ambiente, gute Küche; herausragend ist das Preis-Leistungs-Verhältnis des Fischmenüs.
Via Roma 73–75; Tel. 0 93 12 22 04; Mo geschl. ●● DINERS MASTER VISA

Divina S. 71, b 3
Das schlichte Restaurant liegt in einer von der Piazza Archimede abzweigenden Gasse.
Via Dione 6; Tel. 0 93 16 19 22; Mi geschl. ● MASTER VISA

Spaghetteria do Scogghiu S. 71, b 3
Bei rund 20 verschiedenen Spaghettivariationen hat man die Qual der Wahl.
Via Scina 11; Mo geschl. ●

Pasticceria Marciante S. 71, b 3
In der ältesten Konditorei von Siracusa beherrscht man immer noch das Handwerk der Zuckerbäckerei.
Via della Maestranza 39

Einkaufen
Werktags herrscht in der Via E. de Benedictis gleich beim Hafen buntes Markttreiben. Ein beliebtes Souvenir sind Papyrusbilder.

Service
Auskunft
AAPIT S. 71, c 1
Via San Sebastiano 43, 96100 Siracusa; Tel. 09 31 48 12 00, Fax 0 93 16 78 03; www.apt-siracusa.it

Ziele in der Umgebung

Castello Eurialo
S. 121, E 10

Nordwestlich von Siracusa liegt dieses Festungsbollwerk, das Dionysios der Ältere von 402 bis 397 v. Chr. gegen die karthagische Bedrohung errichten ließ. Es ermöglicht eine gute Fernsicht.
5 km von Siracusa; tgl. von 9 Uhr bis eine Stunde vor Sonnenuntergang; Eintritt frei

Donnafugata
S. 120, C 11

Das südwestlich von Ragusa gelegene Schloss ist ein beliebtes Ziel der Literaturfreunde, obwohl der Hauptschauplatz von Lampedusas Roman »Der Leopard« fiktiver Natur ist. An das Schloss, das 122 Zimmer hat und ein Sammelsurium verschiedener Architekturstile ist, grenzt ein weitläufiger Park. Auf einem Spaziergang lassen sich nette Details entdecken: ein kleiner Tempel, ein zierliches Kaffeehaus und auch ein Irrgarten.
104 km von Siracusa; Mi–So 9.30–13, So 15–18.30 Uhr

Fonte Ciane
S. 121, E 10

Im Südwesten von Siracusa liegt der Quellteich des Flüsschens Ciane. Nur hier wachsen Papyrusstauden wild. Linker Hand, hinter dem etwas unansehnlichen ersten Quellteich, entspringt eine zweite, wesentlich größere Quelle.
5 km von Siracusa

In einer Süßwasserquelle an der Fonte Aretusa wachsen Papyrusstauden. Das Museo del Papiro wiederum gibt Einblicke in deren Nutzung.

Grammichele

S. 120, C 10

15 000 Einwohner

Nach dem Erdbeben von 1693 wurde das westlich von Siracusa gelegene »Barockdorf« auf einem ungewöhnlichen sechseckigen Grundriss errichtet. Von der Piazza im Zentrum verlaufen die sechs Hauptstraßen strahlenförmig in die Peripherie.

90 km von Siracusa

Módica

S. 120, C 11

50 000 Einwohner

Die Kleinstadt südwestlich von Siracusa ist ein beliebter Umschlagplatz für landwirtschaftliche Produkte. Unter den zahlreichen barocken Palästen und Kirchen ragt San Giorgio mit seiner monumentalen Treppe und der prachtvoll geschwungenen Fassade heraus. Rund 10 km östlich von Módica kann man die **Cava d'Íspica**, eine schöne Schlucht mit den Resten einer Höhlenstadt, bewundern. Die Höhlen dienten einst als Wohnstätte, aber auch als Begräbnis- und Zufluchtsort.

85 km von Siracusa

Noto

S. 121, D 11

20 000 Einwohner

Das barocke Traumstädtchen besitzt das geschlossenste Stadtbild Siziliens. Der Anblick der honiggelben Sandsteinidylle ruft selbst bei Kunstmuffeln Begeisterung hervor. Am 8 Anfang stand allerdings eine Katastrophe: Durch ein schweres Erdbeben wurde das alte Noto 1693 fast vollständig zerstört. Die Überlebenden zogen fort und bauten ihre Heimatstadt auf einer Terrasse der südlichen Ausläufer der Monti Iblei um ein Vielfaches prachtvoller wieder auf. Die Möglichkeit, eine barocke Planstadt aus dem Nichts zu entwerfen, führte die berühmtesten Architekten Siziliens nach Noto. Die Stadt wirkt wie ein grandioses Bühnenbild: 15 Paläste, 19 Klöster und 23 Kirchen wurden in wenigen Jahrzehnten errichtet. Besonders eindrucksvoll sind die Kathedrale **San Nicolò** und die Kirche **San Francesco** mit ihrer weit greifenden Freitreppe. Doch Noto ist eine sterbende Stadt. Trotz ihrer 20 000 Einwohner macht sie einen verschlafenen Eindruck, und die barocke Pracht verfällt Stück für Stück. Nach wochenlangen heftigen Regenfällen ist unlängst auch noch die Kuppel der Kathedrale eingestürzt, der Wieder-

MERIAN-Tipp

8 Necropoli di Pantálica

Die Nekropolen von Pantálica liegen in einer der landschaftlich reizvollsten Regionen Südostsiziliens. Hier dürfte die größte vorgeschichtliche Siedlung Siziliens gestanden haben. Ein Fußweg erschließt das unwegsame Gelände, wobei man mehr als 100 der insgesamt 5000 Grabhöhlen besichtigen kann. In byzantinischer Zeit waren die Höhlen noch einmal kurzzeitig bewohnt. S. 121, D 10

aufbau wird sich über mehrere Jahre hinziehen. Da Noto zusammen mit den anderen Barockstädten des Südostens im Jahre 2002 von der UNESCO zum Weltkulturerbe ernannt wurde, ist aber immerhin eine Besserung in Sicht.
30 km von Siracusa

Essen und Trinken

Da Carmine
Die Trattoria ist ein typischer Familienbetrieb inmitten des Zentrums.
Via Ducezio 1a; Tel. 09 31 83 87 05; Mo geschl. ●● MASTER VISA

Palazzolo Acréide

S. 121, D 10

9000 Einwohner

Das verschlafene Bergstädtchen befindet sich im Herzen der Monti Iblei, westlich von Siracusa. Im Mittelalter gegründet, bestimmen heute in erster Linie barocke Bauwerke das Stadtbild. Schön ist die **Piazza del Popolo** mit dem Rathaus und der **Chiesa San Sebastiano.** Sehenswert ist auch die **Chiesa San Paolo,** eine formvollendete Barockkirche, deren Fassade von einem sich nach oben hin verjüngenden Turm dominiert wird. Das nur vormittags geöffnete Museum **Casa di Antonino Uccello** (Via Machiavelli 19) gewährt interessante Einblicke in die bäuerliche Lebenswelt Siziliens. Westlich des Stadtzentrums liegen die Ruinen des antiken **Akrai.** Die Stadt, eine Gründung der Griechen von Syrakus, blieb lange Zeit vergessen.
45 km von Siracusa

MERIAN-Tipp

9 Ragusa Ibla

Die Provinzstadt Ragusa ist zweigeteilt: Eine tiefe Schlucht trennt **Ragusa Superiore** vom älteren östlichen Stadtteil **Ragusa Ibla.** Ragusa Ibla war schon in der Antike besiedelt und erhielt sein heutiges Aussehen nach dem großen Erdbeben von 1693. Im barocken Zentrum des verschlafenen älteren Stadtteils steht die **Basilika San Giorgio,** ein Meisterwerk von Rosario Gagliardis. Eine monumentale Freitreppe erhöht die Wirkung der elegant geschwungenen Fassade. Im Inneren ist die Basilika reich mit Stuck und Fresken verziert.

S. 120, C 11

Im entrückten Ragusa Ibla finden sich einige romantische Ecken.

Westsizilien

Eine verträumte Gegend, in der der Einfluss der Araber noch heute spürbar ist.

Perfekte Idylle in einer Bucht vor dem hübschen Dorf Scopello (→ S. 82). Das glasklare Wasser täuscht nicht: Die Wasserqualität ist hervorragend!

Die Westküste Siziliens gilt als Vorposten Afrikas. Lange Zeit stand der Westen der Insel unter dem Einfluss der Karthager, später unter dem der Araber. Noch heute stammen Teile der Bevölkerung aus Tunesien. Die Hafenstadt Mazara del Vallo besitzt sogar eine Kasbah.

Auch in geografischer Hinsicht erinnert die weitgehend flache Küstenregion an Afrika, Dattelpalmen stehen stolz am Straßenrand. Touristisch ist die Region wenig erschlossen, die Kulturreisenden besuchen nur das antike Segesta und Selinunte. Landschaftlich besonders reizvoll ist der nordwestlichste Zipfel Siziliens. San Vito lo Capo, ein angenehmer Badeort, ist beliebter Ausgangspunkt zur Erkundung des kargen Monte Cófano und der Traumstrände des Zingaro-Naturparks (→ MERIAN-TopTen, S. 94).

Trápani

→ S. 116, B 1

80 000 Einwohner

Auf einer weit ins Meer hinausragenden Landzunge erstreckt sich Trápani. Die Provinzhauptstadt ist das Zentrum des wenig erschlossenen Westens der Insel.

Wer das erste Mal nach Trápani kommt, sollte den Weg über Érice wählen. Und zwar nicht nur, weil Trápani als Hafen Érices gegründet wurde, sondern weil es auf einem Bergkegel thront und die Straße einen ausgezeichneten Blick über Trápani erlaubt.

Die Entwicklung der Hafenstadt steht ganz im Zeichen der Kontinuität. Weder große Naturkatastrophen noch historisch bedeutsame Ereignisse haben sich hier zugetragen. Schon in der Antike war Trápani nichts anderes als ein strebsames Handelsstädtchen. Aufgrund der auffälligen Form der Landzunge wurde die Stadt damals »Drepanon« (Sichel) genannt. Der fruchtbare Küstenstreifen, intensive Handelsbeziehungen und die ausgedehnten Salinen mehrten den Reichtum Trápanis. Mit seinen knapp 80 000 Einwohnern ist es das bedeutendste Wirtschaftszentrum im Westen Siziliens, das den meisten Touristen allerdings nur als Sprungbrett zu den Ägadischen Inseln dient.

Hotels/andere Unterkünfte

Crystal
Gleich beim Bahnhof steht das beste Hotel der Stadt.
Via San Giovanni Bosco 17; Tel. 0 92 32 00 00, Fax 0 92 32 55 55; www.framon-hotels.com; 151 Betten
●●● AmEx MASTER VISA

Maccotta
Kleines angenehmes Hotel im Stadtzentrum.
Via degli Argentieri 4; Tel. 0 92 32 84 18, Fax 09 23 43 76 93; www.albergomaccotta.it; 18 Betten ● MASTER VISA

Messina
Freundliche Pension in einem alten Palazzo mit ruhigem Innenhof. Sie liegt mitten in der Altstadt.
Corso Vittorio Emanuele 71; Tel. und Fax 0 92 32 11 98; 18 Betten
●

Spaziergang

Die Altstadt ist von der Barockarchitektur geprägt. Dies wird vor allem entlang des **Corso Vittorio Emanuele**, der einstigen Prachtstraße, deutlich. Dort stehen auch die **Cattedrale San Lorenzo**, der **Palazzo del Municipio** und die prunkvolle Jesuitenkirche **Chiesa del Collegio**.

Zwischen der an der Piazza Saturno erbauten, von einer schönen Fensterrose gezierten Templerkirche Sant' Agostino und dem Palazzo Giudecca, einem Palast im gotisch-katalanischen Stil, erstreckt sich ein verwinkeltes Viertel, in dem früher hauptsächlich Juden und Araber wohnten. Ein Stück weiter ostwärts beginnt die schachbrettartig angelegte Neustadt.

Sehenswertes

Santuario dell' Annunziata

Ursprünglich stand das ehemalige, im 13. Jh. gegründete Karmelitenkloster allein auf weiter Flur. Heute ist das im gotisch-katalanischen Stil errichtete Gotteshaus von einem modernen Stadtviertel eingeschlossen. Die Kirche ist ein rege besuchter Wallfahrtsort. Im Inneren birgt sie wertvolle Kunstwerke.

3 km östlich des Zentrums; tgl. 9–12 und 16–19 Uhr

Museen

Museo Regionale Pepoli

Das Regionalmuseum schließt direkt an die Kirche Santuario dell' Annunziata an. Der Eingang liegt in der südöstlichen Ecke des aus dem 16. und 17. Jh. stammenden Kreuzgangs. Das Museum wurde nach dem Grafen Agostino Pepoli benannt, der im Jahre 1906 seine umfangreiche Privatsammlung dem Museum schenkte. Neben archäologischen Funden, Gemälden und Volkskunst besitzt das Museum auch so profane Dinge wie eine Guillotine. Zudem wird in mehreren Räumen die für die Region typische künstlerische Verarbeitung von Korallen dokumentiert.

Via Conte A. Pepoli 200; Di–Sa 9–13.30, So nur bis 12.30; Eintritt 4 €

Essen und Trinken

P & G

Das Restaurant gilt als der Feinschmeckertempel von Trápani.

Via Spalti 1; Tel. 09 23 54 77 01; So und im Aug. geschl. ●●● CREDIT

Peppe

Die Einrichtung ist liebevoll verspielt, aber im Sommer bevorzugen die Gäste einen Platz auf der schattigen Terrasse an der Straße. Raffinierte Küche, gute gefüllte Pasta. Und auch vegetarische Menüs.

Via Spalti 50; Tel. 0 92 32 82 46; Mo, Mitte Aug.–Mitte Sept. geschl. ●●
AmEx DINERS VISA

Trattoria del Porto

Wie der Name schon sagt: direkt am Hafen von Trápani. Ansprechende Küche mit arabischem Einfluss (Couscous) zu moderaten Preisen.

Via Ammiraglio Staiti 45; Tel. 09 23 54 78 22; Mo geschl. ●●

Fast ein bisschen karibisch muten Meer und Strand bei San Vito lo Capo an. Der angenehme Badeort liegt am Golfo di Castellammare.

SERVICE

Auskunft

AAPIT

Via San Francesco d'Assisi 27, 91100 Trápani; Tel. 09 23 54 55 11, Fax 0 92 32 94 30; www.apt.trapani.it

AAST

Piazza Saturno, 91100 Trápani; Tel. 0 92 32 90 00, Fax 0 92 32 40 04

Ziele in der Umgebung

Castellammare del Golfo

→ S. 116, C 1

17 000 Einwohner

Dank seiner pittoresken Lage und den guten Verkehrsverbindungen eignet sich das Hafenstädtchen hervorragend als Ausgangspunkt für Erkundungen der Umgebung. Castellammare del Golfo ist der Hauptort der gleichnamigen Bucht; er wurde als Hafen der Elymerstadt Segesta gegründet. Wer sich für historische Bauwerke interessiert, sollte das im 14. Jh. von den Aragonesen errichtete **Kastell** mit seinem zylindrischen Turm näher in Augenschein nehmen. Zum Baden fährt man allerdings besser ein paar Kilometer weiter nordwestlich in Richtung Scopello – oder landeinwärts zu dem Heilkurort **Terme Segestane.**

45 km von Trápani

Castelvetrano

→ S. 116, C 3

30 000 Einwohner

Das lebendige Städtchen im Hinterland von Selinunte besitzt mehrere hübsche Kirchen und Brunnen, die jedoch aus kunsthistorischer Sicht hinter der 4 km entfernten Kirche **Santissima Trinità di Délia** zurückstehen. Der Einfluss der arabischen Architektur auf die kleine Normannenkirche aus dem 12. Jh. ist nicht zu übersehen. Der kubisch geformte Bau steht in einem kleinen Pinienwäldchen und kann leider nur von außen besichtigt werden (Privatbesitz).

60 km von Trápani

MERIAN-Tipp

10 San Vito lo Capo

Der Badeort an der Nordwestspitze Siziliens ist vor allem bei italienischen Touristen beliebt. Im Juli und August ist er daher sehr voll. Dennoch ist San Vito lo Capo ein sympathischer Ort: Keine Hotelburgen verschandeln das nordafrikanisch anmutende Ortsbild, Teile des Stadtkerns sind für den Autoverkehr gesperrt, die Strände sind sauber, und die Wasserqualität ist hervorragend. Neben einem zur Kirche umgebauten Kastell ist die nahe **Riserva Naturale dello Zingaro** (→ S. 94) die Hauptattraktion.

→ S. 116, C 1

Érice

→ S. 116, B 1

1500 Einwohner

Zu den Höhepunkten einer Sizilienreise zählt zweifelsohne ein Besuch Érices, das erhaben auf einem 751 m hohen, einsam stehenden Bergkegel thront. Das von den Elymern gegründete Érice ist eine der ältesten Städte Siziliens, Reste einer karthagischen Stadtmauer sind bis heute erhalten geblieben. Aufgrund der Höhenlage sind die Temperaturen selbst im Hochsommer angenehm, die Fernsicht bis zu den Ägadischen Inseln ist überwältigend. Érice kann zudem mit einem grandiosen mittelalterlichen Stadtbild aufwarten. In den kunstvoll gepflasterten Straßen und Gassen scheint die Zeit stehengeblieben zu sein. Autos sind Fremdkörper. Die meisten Besucher betreten Érice durch die **Porta Trápani** und stehen direkt vor der gotischen **Chiesa Ma-**

trice mit ihrem versetzt stehenden Campanile. Bläulich schimmert das Pflaster der Via Vittorio Emanuele, die ins Ortszentrum führt. Auf dem höchsten Punkt der Stadt befand sich in der Antike ein beliebtes Heiligtum der Liebesgöttin Venus, später errichteten die Normannen dort oben ein Kastell.
15 km von Trápani

Hotels/andere Unterkünfte

Elimo
Alle Zimmer des Hotels tragen mythologische Namen und sind geschmackvoll eingerichtet. Der alte, umgebaute Palast besitzt einen netten Innenhof sowie eine Aussichtsterrasse. Das Elimo ist ohne Frage das schönste Hotel des Bergorts Érice.
Via Vittorio Emanuele 23;
Tel. 09 23 86 93 77, Fax 09 23 86 92 52;
www.charmerelax.com; 57 Betten ●●●
AmEx MASTER VISA ♿

Baglio Santa Croce
Der zum Hotel umfunktionierte historische Landsitz bietet viel Komfort mit rustikalem Ambiente. Abkühlung findet man im Swimmingpool.
Contrada Santa Croce, 91019 Valderice;
Tel. 09 23 89 11 11, Fax 09 23 89 11 92;
www.bagliosantacroce.it; 50 Betten ●●
MASTER VISA ♿

Service

Auskunft
AAST
Via Guarrani 14, 91016 Érice;
Tel. 09 23 86 93 88, Fax 09 23 86 95 44

Gibellina

→ S. 116, C 2

Die Weltöffentlichkeit richtete in den letzten Jahrzehnten nur einmal die Aufmerksamkeit auf den Westen Siziliens: Am 15. Jan. 1968 zerstörte ein schweres Erdbeben mehrere Dörfer im Bélicetal. Auch Gibellina, vormals beschauliches Bergdorf, wurde in Schutt und Asche gelegt. Die Bewohner mussten jahrelang vergeblich auf öffentliche Hilfe hoffen, denn Spendengelder in Höhe von zehn Millionen Euro verschwanden spurlos in dunklen Kanälen. Erst nach Jahren konnten sie rund 15 km weiter westlich in eine neue, von den Architekten sehr rational konzipierte Stadt (**Gibellina Nuova**) ziehen. Zwar spendeten zahlreiche Künstler moderne Skulpturen, die das Stadtbild bereichern, doch fehlt der Neugründung bis heute die Vitalität anderer sizilianischer Städte. Das Leben wirkt unnatürlich statisch.

Landschaftlich ansprechend ist die Straße, die zum alten, zerstörten Gibellina führt. Ein Teil der Ruinen (**Ruderi di Gibellina**) wurde von dem Bildhauer Alberto Burri in ein Kunstwerk verwandelt. Burri überzog die Ruinenlandschaft mit Beton, der weiß angestrichen wurde, und schuf so ein überdimensionales Denkmal mit surrealem Charakter.
60 km von Trápani

Ísole Égadi/Ägadische Inseln

→ S. 116, A 2

5500 Einwohner

Nur wenige Kilometer vor der Westküste liegen die Ägadischen Inseln **Favignana** (→ S. 93), **Lévanzo** und **Maréttimo**. 200 Menschen leben auf der kleinen, an Griechenland erinnernden Insel Lévanzo, deren Hauptattraktion die vorgeschichtlichen Höhlenzeichnungen in der **Grotta dei Genovese** sind. Im Gegensatz zu Lévanto sprüht Favignana vor Leben. Das bergige, unzugängliche Maréttimo, die westlichste Insel, ist touristisch noch ziemlich unerschlossen.

Service

Fährverbindungen
Zwischen der Inselgruppe und Trápani verkehren mehrmals täglich Schiffe. Sie können eine Fähre der SIREMAR wählen oder ein Tragflügelboot (»aliscafo«).

Marsala

⇢ S. 116, B 2

80 000 Einwohner

»Marsa al Allah«, der Hafen Allahs, wurde die Stadt von den Arabern genannt. Die Herstellung des weltberühmten Dessertweins Marsala ist hingegen nicht arabischen Ursprungs, sondern wurde 1773 von dem Engländer John Woodhouse begründet, um dem Portwein Konkurrenz zu machen. Zahlreiche »bagli« genannte Weinkeltereien bieten Verkostungen an. Das Zentrum rund um die **Piazza della Repúbblica** und den **Duomo San Tomaso** ist größtenteils barock, die Uferpromenade ist hingegen trist und langweilig.

30 km von Trápani

Museen

Museo Archeologico Baglio Anselmo

Das Museum ist in den Räumen einer ehemaligen Weinkelterei am Capo Boeo untergebracht. Das bedeutendste Ausstellungsstück ist ein fragmentarisch erhaltenes punisches Kriegsschiff aus dem 3. Jh. vor unserer Zeitrechnung. Zudem sind noch prähistorische Funde aus der Phönizierstadt Mózia ausgestellt.

Tgl. 9–13.30 und Mi, Fr, Sa, So 16–18.30 Uhr; Eintritt 2 €

Einkaufen

In Marsala muss man einfach ein paar Flaschen des berühmten Dessertweines kaufen. In vielen Weinkeltereien (»bagli« oder »stabilimenti«) werden Kostproben offeriert.

Mazara del Vallo

⇢ S. 116, B 3

45 000 Einwohner

In dem größten Fischereihafen Siziliens ist die arabische Vergangenheit der Insel bis in unsere Tage lebendig geblieben. Unweit des Hafens liegt

Salinen und Windmühlen auf der Insel San Pantaleo (→ S. 82). Die weiß leuchtenden Salzflächen erstrecken sich bis nach Trápani.

Cala Rossa gilt als schönste Bucht auf Favignana (→ S. 80). Tuffsteinformationen schaffen ein außergewöhnliches Badeambiente.

das **Kasbah**-Viertel mit orientalischem Flair sowie ein **Hammam** (Schwitzbad). Der von den Normannen im romanischen Stil errichtete **Dom** wurde 1694 großzügig umgebaut. An die Kirche grenzt ein schöner Park, an dessen östlicher Seite sich die spärlichen Reste eines **Normannenkastells** erheben.
50 km von Trápani

Mózia

→ S. 116, B 2

Auf der kleinen, nördlich von Marsala gelegenen Insel **San Pantaleo** können die Grundmauern der ehemals bedeutenden phönizischen Handelsniederlassung Motya (ital. **Mózia**) besichtigt werden. Im vormittags geöffneten **Museo Whitaker** sind die bei den Ausgrabungen geborgenen Funde ausgestellt. Die Insel wird häufig von Fischerbooten angefahren. In der Lagune zwischen der Insel und der Küste wird nach alter Methode Salz durch Verdunstung gewonnen. Die **Salinen** und die dazu gehörigen Windmühlen bilden ein pittoreskes, oft fotografiertes Ensemble.
20 km von Trapáni; Regelmäßiger Bootsverkehr von 9–13 und 15–18.30 Uhr, Okt.–Feb. nur vormittags; Fahrpreis 2,50 €; Fahrzeit: 19 Minuten (einfach); Eintritt 5 €

Pantelleria

→ S. 116, A 4

5000 Einwohner

Etwa 110 km südwestlich von Mazara del Vallo, aber nur 65 km von der afrikanischen Küste entfernt, liegt diese Insel mit ihrem erstaunlich herben, ursprünglichen Charakter.

Aufgrund des relativ hohen Preisniveaus und der fehlenden Sandstrände spielt der Tourismus trotz der landschaftlichen Vielfalt bis heute keine allzu große Rolle. Nur im August, dem traditionellen Ferienmonat der Italiener, ist die Insel überlaufen. Pantelleria, die »Tochter des Windes«, war schon im Altertum bewohnt. Egal ob Phönizier, Karthager, Römer, Vandalen oder Araber – sie alle waren schon im Besitz der Vulkaninsel, deren von 24 Kraterkegeln umgebener Hauptkrater Montagna Grande 836 m in die Höhe ragt. Sein letzter Ausbruch war 1891.

SERVICE

Verbindungen

Nach Palermo und Trápani geht einmal täglich ein Flug. Mindestens einmal täglich wird Pantelleria im Sommer von Trápani aus mit dem Schiff angesteuert.

Scopello

→ S. 116, C 1

Das malerische Fischerdorf am Golfo di Castellammare bietet ein beschauliches Szenario und dient als Eingangspforte zur **Riserva Naturale dello Zingaro** (→ S. 94). Unweit liegen reizvolle Badebuchten.
45 km von Trápani

Segesta

S. 116, C 2

Für Freunde klassischer Altertümer sind der Tempel und das Theater von Segesta die Hauptattraktionen im Westen Siziliens. Allerdings handelt es sich bei Segesta um keine griechische Kolonie, da die Stadt von den vermutlich aus Troja stammenden Elymern gegründet wurde.

Der Tempel von Segesta war einer der letzten großen Tempelbauten Siziliens. Er wurde um 425 v. Chr. begonnen, blieb aber unvollendet.

Ein Stück weiter oben, am Rand des 431 m hohen Monte Barbaro, öffnet sich der Halbkreis des Amphitheaters. Von den 20 erhaltenen Sitzreihen bietet sich ein grandioser Blick über eine weite, fruchtbare Hügellandschaft bis hinunter zum Golfo di Castellammare. Die Ausgrabungen sind ansprechend beschriftet und bebildert.

40 km von Trápani; tgl. von 9 Uhr bis eine Stunde vor Sonnenuntergang; Eintritt 6 €

Selinunte

S. 116, C 3

Die über eine ausgedehnte Ruinenlandschaft verstreuten Tempelanlagen lassen die Bedeutung und Größe des antiken Selinunt leicht erahnen. Als Tochterkolonie im 7. Jh. v. Chr. von Siedlern aus Megara Hyblaea gegründet, nahm Selinunt einen steten Aufstieg und hatte während seiner eineinhalb Jahrhunderte andauernden Blütezeit mehr als 100 000 Einwohner. Die Tempel von Selinunt werden mit Buchstaben bezeichnet, da bis heute unklar ist, welchen Göttern sie geweiht waren. Am eindrucksvollsten ist sicherlich der Tempel E, denn er wurde so gut wie möglich wieder errichtet.

Das nur wenig entfernte **Marinella di Selinunte** ist ein beschaulicher Badeort mit ganz passablen Stränden. Werktags findet hier jeden Morgen eine sehenswerte Fischauktion statt.

65 km von Trápani; Tempel von Selinunt: tgl. von 9 Uhr bis eine Stunde vor Sonnenuntergang; Eintritt 6 €

Die Tempel von Selinunt sind lediglich mit Buchstaben benannt, da bis heute niemand weiß, welchen Göttern sie geweiht waren.

Das Inselinnere

Fast ein wenig archaisch und nur spärlich besiedelt zeigt sich das Innere Siziliens.

Jeder vierte Sizilianer arbeitet in der Landwirtschaft. Diese ist besonders im Innern der Insel ausgeprägt – wie hier bei Enna, dem »Nabel Siziliens«.

Wer Sizilien wirklich kennen lernen will, darf das landwirtschaftlich geprägte Landesinnere nicht aussparen. Die goldgelben Weizenfelder sind längst nicht mehr so zahlreich wie in der Antike, als die Insel sich rühmen konnte, die Kornkammer des Römischen Reichs zu sein, doch arbeitet noch immer jeder vierte Sizilianer in der Landwirtschaft. Die für Mitteleuropa so typischen, über das Land verstreuten Bauernhöfe fehlen allerdings vollkommen, die Bevölkerung lebt in kleinstadtgroßen Dörfern. In den Sommermonaten verwandelt sich das Innere der Insel in ein von der brütenden Hitze versengtes Land, auf dem das öffentliche Leben weitgehend erstarrt.

Enna

→ S. 120, B 9

30 000 Einwohner

Enna – der »Nabel Siziliens«. Wie eine überdimensionale Aussichtsplattform liegt die Provinzhauptstadt mehr als 900 m hoch auf dem Rücken des Tafelbergs. Die strategisch günstige Lage und der Wasserreichtum der Umgebung machten den Bergrücken schon in frühester Zeit für Siedler attraktiv. Als Sizilien römische Provinz war, wurde Enna Zentrum eines Sklavenaufstandes, den der Syrier Eunus anführte. Seither war es ein ungeschriebenes Gesetz, dass erst Enna erobert werden musste, bevor Sizilien beherrscht werden konnte. Heute gefällt Enna, die kleinste und höchstgelegene Provinzstadt Siziliens, vor allem wegen ihrer ruhigen Atmosphäre und dem im Sommer sehr angenehmen Klima.

Hotels/andere Unterkünfte

Grande Albergo Sicília

Das einzige Hotel im Zentrum von Enna wird ordentlich geführt und besitzt einen schönen Ausblick.

Piazza Colajanni 5; Tel. 09 35 50 08 50, Fax 09 35 50 04 88; www.hotelsiciliaenna.it; 139 Betten ●● CREDIT ♿

Spaziergang

Die Hauptsehenswürdigkeiten der Stadt lassen sich in zwei bis vier Stunden erkunden. Sie befinden sich im Umkreis der **Via Roma**, die sich gleich zu Beginn zur **Piazza Vittorio Emanuele** verbreitert, welche bis in die Abendstunden belebt ist. Linker Hand liegt die **Piazza Francesco Crispi** mit dem Brunnen der Proserpina. Sie gibt den Blick frei auf das benachbarte Calascibetta. Von dort aus gelang den Arabern und später den Normannen die Eroberung von Enna. Folgt man dem Lauf der Via Roma, so führt der Weg am Dom vorbei zum **Castello di Lombardia**.

Sehenswertes

Castello di Lombardia

Den lang gestreckten Tafelberg schließt im Osten das Castello di Lombardia ab. Das Bauwerk besteht aus byzantinischen, normannischen und staufischen Elementen. Einer von drei weiträumigen Innenhöfen dient im Sommer als Freilichttheater.

Am Ende der Via Roma; tgl. von 9 Uhr bis eine Stunde vor Sonnenuntergang; Eintritt frei

Duomo

Aus der Gotik stammen nur noch das Querschiff und drei Apsiden, das Innere wurde im 16. Jh. umgebaut, wobei das Mittelschiff mit einer prächtig geschnitzten Holzkassettendecke versehen wurde. Der Dom mit barocker Fassade birgt zudem ein seltenes Relikt aus der arabischen Vergangenheit Ennas: Das gusseiserne Gitter vor dem Taufbecken diente einst zum Absperren des Harems.

Tgl. 9–13 und 16–19 Uhr

Rocca di Cerere

Direkt hinter dem Castello ragt die Rocca di Cerere, der Ceresfelsen, empor. In der Antike stand hier ein Demeterheiligtum, von dem aus die Fruchtbarkeitsgöttin Sizilien beschützte.

Torre di Frederico
Etwas außerhalb, südwestlich des Zentrums, steht in einem Park ein achteckiger Turm. Dieser trägt den Namen des Stauferkaisers Friedrich II., der hier astronomischen Beobachtungen nachgegangen sein soll.
Tgl. 9–17 Uhr

Museen

Museo Alessi
Das Museum, hinter den Apsiden gelegen, beherbergt eine reiche Münzsammlung und den Domschatz mit sehr schönen Silberarbeiten.
Piazza Mazzini; tgl. 9–13 und 16–19 Uhr; Eintritt 2,60 €

Museo Archeologico
Im ersten Stock eines Adelspalastes werden archäologische Fundstücke aus der Region präsentiert.
Piazza Mazzini; tgl. 9–13.30 und 15.30–19 Uhr; Eintritt 2,10 €

Essen und Trinken

Antica Hosteria
Die Trattoria in den ehemaligen Stallungen eines alten Palazzo ist für ihre deftigen Köstlichkeiten bekannt. Viele Fleischgerichte, auch Innereien.
Via Castagna 9; Tel. 0 93 52 25 21; Di geschl. ●● MASTER VISA

Centrale
Das Restaurant ist für seine exquisiten Nudelgerichte und seinen freundlichen Service bekannt.
Piazza 6 Dicembre 9; Tel. 09 35 50 09 63; in der Nebensaison Sa geschl. ●●
AmEx MASTER VISA

Service

Auskunft
AAPIT
Via Roma 411, 94100 Enna;
Tel. 09 35 52 82 88, Fax 09 35 52 82 29;
www.apt-enna.com

AAST
Piazza N. Colajanni 6, 94100 Enna;
Tel. 09 35 50 08 75, Fax 0 93 52 61 19

Ziele in der Umgebung

Aidone

→ S. 120, B 9

7500 Einwohner

Es empfiehlt sich, das kleine, südöstlich von Enna gelegene Bergstädtchen zusammen mit der Ausgrabungsstätte Morgantina zu besuchen. Das ehemalige **Kapuzinerkloster** von Aidone beherbergt ein **archäologisches Museum** (tgl. 9–19 Uhr), in dem die Funde aus Morgantina recht ansprechend präsentiert werden. **Morgantina**, eine griechisch-sikulische Stadt, liegt nur wenige Kilometer von Aidone entfernt. Die von amerikanischen Archäologen geleiteten Ausgrabungen brachten Reste der Stadtmauer und des Theaters sowie zahlreiche öffentliche und private Bauten ans Licht.
25 km von Enna

Caltagirone

→ S. 120, B 10

40 000 Einwohner

Die Keramikstadt Siziliens (→ MERIAN-Tipp, S. 19), präsentiert sich größtenteils im barocken Gewand. Die Araber, denen Caltagirone (Qal' at al Ghîrân) auch seinen Namen verdankt, begründeten die hiesige Tradition der Töpferkunst. Überall in den Straßen und Gassen findet man Keramikgeschäfte und -werkstätten, gekachelte Häuserfassaden, Portale und sogar Brücken mit Keramikschmuck.

Die Hauptattraktion ist die **Scala**, eine Treppe, die sich über 142 Stufen zur Kirche **Santa Maria del Monte** hinaufzieht und mit bunten Keramikkacheln dekoriert ist.
60 km von Enna

Museen

Museo della Ceramica
Erstaunliche Bandbreite an Exponaten – natürlich Keramik– von der Antike bis zur Gegenwart.
Via Roma; tgl. 9–18.30 Uhr; Eintritt 4 €

Museo Civico
Die in einem ehemaligen Adelspalast untergebrachte Sammlung zeigt erneut Keramik. Aber auch zahlreiche Gemälde sizilianischer Künstler.
Via Roma; tgl. außer Mo 9–18.30 Uhr; Eintritt 2,60 €

Caltanissetta

→ S. 120, A 9

61 000 Einwohner

Die beschauliche Provinzhauptstadt gilt seit dem 19. Jh. als die sizilianische Schwefelmetropole. Unter äußerst erbärmlichen Arbeitsbedingungen wurde damals in der Umgebung von Caltanissetta Schwefel unter Tage abgebaut. Fast 80 Prozent des Weltbedarfs stammten damals aus den hiesigen Gruben.
25 km von Enna

Piazza Armerina

→ S. 120, B 9

24 000 Einwohner

Es wäre ein Fehler, direkt zur Villa Casale zu fahren und dabei Piazza Armerina links liegen zu lassen. Denn es ist eines der bezauberndsten Städtchen im Landesinneren. Das malerische historische Zentrum zieht sich an einem Hang hinauf zum barocken Dom **Santissima Assunta.**
20 km von Enna

Sehenswertes

Villa Romana del Casale
Wenige Kilometer südwestlich von Piazza Armerina liegt die 1929 ausgegrabene Villa Romana del Casale.
9 Die spätantike Villenanlage wurde 1997 in die Liste der Weltkulturerbegüter der UNESCO aufgenommen. Der hervorragende Zustand der Mosaiken ist dem »glücklichen« Umstand zu verdanken, dass die Villa im 12. Jh. von den Schlammmassen eines Erdrutsches überdeckt und damit konserviert wurde. Die Villa aus dem 4. Jh. gewährt mit ihrer 3500 qm großen Mosaikfläche einen plastischen Eindruck, in welchem Prunk vermögende Römer damals lebten. Die Mosaiken stellen neben mythologischen Themen und Jagdszenen auch den Alltag der römischen Oberschicht dar.
Tgl. von 9 Uhr bis eine Stunde vor Sonnenuntergang; Eintritt 6 €

Die berühmten »Bikini«-Mädchen in der Villa Romana del Casale.

Hotels/andere Unterkünfte

Mosaici
Ansprechendes Hotel-Restaurant nahe der Villa Romana del Casale.
Contrada Paratore; Tel. 09 35 68 54 53; 1.–24. Dez. geschl.; 24 Betten ●● VISA

Essen und Trinken

La Ruota
Unweit der Villa Romana del Casale bietet die rustikale Trattoria schmackhafte ländliche Kost.
Tel. 09 35 68 05 42; Okt.–Juli abends geschl. ●● AmEx VISA

Sperlinga

→ S. 118, B 8

350 Einwohner

Das kleine Städtchen an der Staatsstraße 120 nördlich von Enna ist bekannt für seine in den Fels hineingeschlagenen Häuser.
45 km von Enna

Routen und Touren

Die Insel Favignana (→ S. 93) lässt sich hervorragend auf dem Drahtesel erkunden. So entdeckt man leicht erfrischende Badebuchten wie die Cala Azurra.

Wer sich auf Sizilien fortbewegen will, benötigt nicht unbedingt ein Auto. Auch per Schiff, Bahn oder zu Fuß lassen sich die schönsten Orte der Insel auf eigene Faust entdecken.

Eine Rundfahrt durch den Südosten – Vorbei an prachtvollen Barockbauten

Charakteristik: Autotour auf teilweise kurvigen Landstraßen im Landesinneren; **Länge:** rund 165 km; **Dauer:** Tagesausflug; **Einkehrmöglichkeit:** Restaurant Da Carmine in Noto, Tel. 09 31 83 87 05; **Karte:** ⟶ S. 121, E 10

Nirgendwo in Sizilien haben die Baumeister des Barock schönere Kirchen und Paläste errichtet als im Südosten der Insel.

Nach dem gewaltigen Erdbeben 1693, das den gesamten Südosten Siziliens erschütterte, wurden ganze Städte wie Noto, Ragusa, Módica, Ávola und Grammichele nach geometrischen Mustern am Reißbrett entworfen. Innerhalb weniger Jahrzehnte entstanden sie im neuen Glanz.

Siracusa → Noto

Als Ausgangspunkt für diese Rundtour empfiehlt sich **Siracusa**. Auf der in südöstlicher Richtung verlaufenden SS 115 gelangt man zuerst nach **Ávola**, einem kleinen landwirtschaftlichen Zentrum (Mandel- und Weinerzeugung) unweit der Küste. Neun Kilometer weiter im Landesinneren liegen die Ruinen der alten Stadt (Ávola Vecchia). Ávola ist ebenso wie das benachbarte Noto vollständig zerstört worden, so dass man sich entschloss, die neue Stadt mehrere Kilometer entfernt zu errichten. Aufgrund des ebenen Geländes war eine regelmäßige sechseckige Stadtanlage möglich. Im Zentrum des Ortes befindet sich die Piazza Umberto I., die von vier weiteren Plätzen eingerahmt wird. Nächste Etappe der Rundtour ist **Noto**, das mit seinen zahlreichen Kirchen und Palästen als die schönste Barockstadt Siziliens gilt. Bei der Neugründung konnten die von potenten Geldgebern angeworbenen Baumeister frei walten.

Spektakulär am Hang gelegen: der Dom von Módica.

Módica → Palazzolo Acréide

In ihrem weiteren Verlauf streift die SS 115 mit **Módica** und **Ragusa** zwei andere eindrucksvolle Barockstädte. Beide Städte warten jeweils mit einer prachtvollen Kirche auf, die dem heiligen Giorgio geweiht ist. Auf der kleinen N 194 geht es nach Norden in Richtung Vizzini durch eine kaum besiedelte Region. In **Giarratana** zweigt eine landschaftlich reizvolle Straße nach **Palazzolo Acréide** ab. Dieses sympathische Städtchen wurde neben den Ruinen der griechischen Stadt Akrai gegründet.

Pantálica → Siracusa

Zurück nach Siracusa führt von hier die N 124. Wer noch Zeit und Lust hat, sollte unbedingt einen Abstecher zu den **Nekropolen von Pantálica** (→ MERIAN-Tipp, S. 74) machen. Die kleine Wanderung zu den vorgeschichtlichen Grabhöhlen führt entlang einer herbromantischen Schlucht. Einen schöneren Picknickplatz wird man in der Umgebung nicht finden!

Rund um den Ätna – Eisenbahnrundreise um den stolzen Berg der Berge

4

Charakteristik: Gemütliche Eisenbahnrundreise rund um den Ätna; **Länge:** rund 140 km; **Dauer:** reine Fahrtzeit rund 3,5 Stunden; **Auskunft:** Circumetnea, Via Caronda 352a; Tel. 0 95 54 12 50; www.circumetnea.it; **Fahrpreis:** 5,65 €; **Verbindungen:** mehrmals täglich; **Einkehrmöglichkeit:** Trattoria Veneziano in Randazzo, Tel. 0 95 7 99 13 53; **Karte:** → S. 121, D 1-S. 119, E 8

Der Ätna ist nicht nur der größte Vulkan Europas, sondern auch der faszinierendste. Selbstverständlich ist es auch möglich, den Ätna mit dem Auto zu umrunden, doch ist eine Fahrt mit der Schmalspureisenbahn »Circumetnea« ein besonderes Erlebnis. Die Circumetnea, die sich in Privatbesitz befindet, umrundet den Ätna allerdings nicht vollständig. Zwischen Giarre-Riposto und Catánia muss man entlang der Küste auf die italienische Staatsbahn FS zurückgreifen.

Catánia → Bronte

Hat die Schmalspureisenbahn erst einmal das Häusermeer von **Catánia** hinter sich gelassen, so geht es im weiteren Verlauf stetig bergauf. Vorbei an dem Städtchen mit dem lustigen Namen Misterbianco strebt der Zug **Paternò** zu, einem ländlichen Zentrum inmitten ausgedehnter Orangenhaine. Der nächste Stopp ist **Adrano.** Das charmante Städtchen besitzt ein wuchtiges Normannenkastell und schöne Grünanlagen. Im weiteren Verlauf der Strecke muss sich die Circumetnea mächtig ins Zeug legen: An ihrem höchsten Punkt, zwischen Bronte und Maletto, klettert die kleine Bahn bis auf 976 m über dem Meeresspiegel hinauf. Der Ort **Bronte** war vor 200 Jahren die Hauptstadt eines Herzogtums, das der Bourbonenkönig Ferdinand IV. dem englischen Seehelden Admiral Lord Nelson für seine Hilfe gegen die Aufständischen zu Lehen gab. Nelson blieb jedoch weiterhin seinen schwankenden Schiffsplanken treu. In seiner 30 km nördlich von Bronte gelegenen Residenz hielt er sich nie auf. Was ihn und seine Nachfahren allerdings nicht daran hinderte, sich mittels Verwalter zu bereichern. Die Landarbeiter rund um Bronte zählten dagegen lange Zeit zu den ärmsten Siziliens.

Randazzo → Giarre Riposto

Bei **Randazzo**, einer größtenteils aus schwarzem Lavagestein erbauten Stadt mit mittelalterlicher Atmosphäre, bekommt man einen Eindruck von der zerstörerischen Kraft des Vulkans: Bis kurz vor den Ort erstrecken sich die Lavaströme aus allerjüngster Zeit. Randazzo selbst ist ein schmuckes Städtchen mit 11 000 Einwohnern, alten Adelspalästen und Kirchen. Gnadenlos ist dagegen das Klima dieser Region. Im Sommer wird jede Aktivität zur Qual, Temperaturen über 40 Grad sind keine Seltenheit. Nicht grundlos ließ Tomasi di Lampedusa den Fürsten Salina in seinem berühmten Roman »Der Leopard« von der »Hölle von Randazzo« sprechen. Über **Linguaglossa**, ein von Haselnusshainen und Weingärten umgebenes Dorf, erreicht die Circumetnea in **Giarre-Riposto** ihre Endstation. Mit der italienischen Staatsbahn geht es zurück nach Catánia. Es ist selbstverständlich auch möglich, nur Teilstrecken zu fahren, Zwischenstopps einzulegen oder die Tour in umgekehrter Richtung zu unternehmen. In Catánia liegt der Bahnhof der Circumetnea im Nordosten der Stadt und ist vom FS-Bahnhof über die Viale della Libertà in einem 15-minütigen Fußmarsch zu erreichen.

Auf die Rocca di Cefalù – Lohnender Aufstieg auf einen Felsmonolithen

Charakteristik: Kurze, aber anstrengende Bergwanderung; **Länge:** 4 km; **Dauer:** ca. 1,5 Std.; **Einkehrmöglichkeit:** Restaurant Trappitu in Cefalù, Tel. 09 21 92 19 72; **Karte:** → S. 39, c 3

Die Wanderung auf den Gipfel des 271 m hohen Felsmonolithen ist trotz ihrer Kürze ein Erlebnis.

Direkt hinter Cefalù ragt der mächtige Fels empor, der fast jeden Reisenden zu einer Besteigung herausfordert. Spätestens nach ein paar faulen Strandtagen werden die Wanderschuhe geschnürt. Von der Piazza Garibaldi zweigt ein kleiner Weg zur Rocca di Cefalù ab. Der nur anfangs beschwerliche Aufstieg führt entlang den Resten der mittelalterlichen Befestigung zu einem kleinen Plateau. Der nach allen Seiten steil abfallende Felsklotz war leicht zu verteidigen und wurde daher jahrhundertelang als letzte Rückzugsbastion genutzt. Selbst die Normannen haben hier auf der Bergspitze ein Kastell errichtet. Eine von den Arabern in den Fels geschlagene Zisterne und Häuserruinen erinnern an die früheren Bewohner.

Es empfiehlt sich, die Rocca di Cefalù zuerst im Uhrzeigersinn zu umrunden. Der Weg führt vorbei an den steinernen Zeugen eines megalithischen Heiligtums, dem **Dianatempel**, und zu den normannischen Befestigungsmauern. Dort bietet sich ein atemberaubender Blick auf die Rückseite des Normannendoms und die rötliche Dächerlandschaft Cefalùs. Man umrundet den Berg ein paar hundert Meter entlang der Befestigungsmauern. Ein erfrischender Wind sorgt dabei für die nötige Abkühlung, bevor der letzte Aufstieg zur Ruine des **Normannenkastells** ansteht. Die Fernsicht vom Kastell ist fantastisch, bei klarem Wetter reicht der Blick bis zu den Liparischen Inseln. Für den Abstieg benötigt man nun noch einmal eine knappe halbe Stunde. Ab der Zisterne ist der Weg mit dem Aufstieg identisch.

Neue Perspektiven eröffnen sich auf der Rocca di Cefalù.

Von Insel zu Insel – Ein Bootsausflug nach Favignana, zum Baden und Erkunden

Charakteristik: Schiffsausflug nach Favignana mit anschließender Inselerkundung; **Dauer:** Tagesausflug; **Einkehrmöglichkeit:** Im gleichnamigen Hauptort der Insel: Favignana, Restaurant Egadi, Tel. 09 23 92 12 32; **Verbindungen:** mehrmals täglich mit dem Tragflügelboot (»aliscafo«) oder der Fähre ab Trápani; **einfacher Fahrpreis:** 7 €; **Karte:** → S. 116, AB 1-2

Sizilien ist zwar selbst eine Insel, doch bleibt wegen ihrer Größe das richtige Inselgefühl meist aus. Diesem »Mangel« kann mit einem Schiffsausflug nach Favignana abgeholfen werden. Favignana ist mit seinen 4000 Einwohnern die größte der Ägadischen Inseln und liegt nur unweit vor der Westküste Siziliens. In einer knappen halben Stunde bewältigt das Tragflügelboot die Fahrt von Trápani nach Favignana, zumeist unterbrochen von einem kurzen Zwischenstopp auf der kleinen Insel Levanzo. Der Fang im fischreichen Gewässer und der Tuffsteinabbau haben Favignana in früheren Zeiten einen gewissen Reichtum beschert.

Da die Insel von Westen nach Osten nur 9 km misst, bietet es sich an, sich bei einem der zahlreichen Fahrradvermieter einen Drahtesel zu leihen und damit die Insel zu erkunden. Große Steigungen sind, abgesehen von dem 302 m hohen **Monte Santa Caterina**, nicht vorhanden. Den Berg hinaufzuradeln empfiehlt sich eigentlich nur für sportliche Naturen, da die Festung auf seiner Spitze für die Öffentlichkeit unzugänglich ist.

Zum Baden eignet sich hauptsächlich der Südosten der Insel, wobei die **Cala Azurra** als schönste Bucht gehandelt wird. Den besten Eindruck von der Küste und den Grotten bekommt man auf einer Bootstour rund um die Insel. Auffällig sind die zahlreichen, über die Insel verstreuten Tuffsteinbrüche. Sie erinnern an die Zeit, als der leicht zu bearbeitende Tuffstein ein beliebtes Baumaterial war.

Verlassene Tuffsteinbrüche prägen das Bild auf der Insel Favignana.

10 Riserva Naturale dello Zingaro – Urwüchsiger Naturpark mit traumhaften kleinen Badebuchten

Charakteristik: Geruhsame Küstenwanderung mit vielen Bademöglichkeiten; **Einkehrmöglichkeiten:** Es gibt auf der gesamten Wanderung kein Restaurant, nicht einmal einen Kiosk. **Dauer:** Für die einfache Küstentour benötigt man rund 3 Stunden; **Öffnungszeiten:** im Sommer 7–21, sonst bis 18 Uhr; www.riservazingaro.it; Eintritt 3 €; **Karte:** → S. 116, C 1

Leider ist der Naturschutzgedanke in Sizilien bis heute kaum verbreitet. Doch glücklicherweise noch rechtzeitig, bevor dieser bislang unzerstörte Küstenabschnitt durch Ferienhäuser und Hotels in Beschlag genommen werden konnte, wurde das 1650 ha große Areal 1981 unter Naturschutz gestellt. Vorausgegangen waren heftige Proteste von Umweltschutzgruppen und der ortsansässigen Bevölkerung gegen eine geplante Küstenstraße von Scopello nach San Vito lo Capo. Das Engagement hat sich gelohnt: Eine der letzten von der Zivilisation verschonten Ecken Siziliens konnte in ihrer kargen Ursprünglichkeit weitgehend bewahrt werden. Die zahlreichen kleinen Buchten mit kristallklarem Wasser sind nur zu Fuß auf Maultierpfaden zu erreichen, für Autos ist der Nationalpark gesperrt.

Das Riserva Naturale dello Zingaro ist die Heimat seltener Pflanzen und Tiere. Wer Glück hat, kann Wanderfalken, Geier und Mäusebussarde beobachten, die an den steilen Kalksteinwänden des fischreichen Golfo di Castellammare nisten. Mehr als 7000 verschiedene Pflanzenarten wurden hier gezählt, 20 davon sind endemisch und somit nirgendwo sonst auf der Welt anzutreffen; auch die seltenen Zwergpalmen *(Chamaerops humilis)*

Die zauberhaften Badebuchten im Zingaro-Naturpark sind ein beliebtes Wochenendausflugsziel der Sizilianer.

Ungestört von Wochenendausflüglern genießt man die Riserva Naturale dello Zingaro auf einer Terrasse oberhalb des Meeres.

gedeihen prächtig. Diese einzige in Europa heimische Palmenart wird bis zu zwei Meter groß. Die Regeln sind dementsprechend streng: Man darf weder die Pfade verlassen noch Feuer entfachen oder Pflanzen pflücken.

Rund 7 km beträgt die Entfernung zwischen den beiden Eingangspforten des Naturparks. Wählt man den Hauptpfad, der dem Küstenverlauf folgt, so versprechen ein knappes Dutzend Badebuchten Abkühlung und Abwechslung. Je nach Tiefe und Sonnenstand schimmert das Wasser in den Kiesbuchten von Smaragdgrün bis Violett. Ein geradezu ideales Revier zum Tauchen und Schnorcheln! An den Stränden tummeln sich im Sommer die Badegäste, am schattigsten ist die ungefähr auf halbem Wege liegende **Cala Marinella**. Beliebt ist auch die am südlichen Ende des Parks gelegene Kiesbucht Cala della Capreria.

Man sollte sich jedoch nicht nur von dem schönen Küstenabschnitt mit den zahlreichen Oliven- und Mandelbäumen verzaubern lassen. In den höher gelegenen Regionen wandert man sogar in der Hochsaison so gut wie ungestört, man dringt hier zudem in völlig andere Vegetationszonen ein. Der Monte Speziale ist mit 913 m der höchste Punkt des Naturparks.

Die meisten Besucher kommen über den Ort **Scopello** ins Reservat, da die Anreise über **San Vito lo Capo** beschwerlicher und zeitaufwendiger ist. Wer von Scopello kommt, gelangt nach gut einem Kilometer zur **Grotta dell'Uzzo**, einer prähistorischen Wohnhöhle, in der Felszeichnungen, Werkzeuge und Skelette aus dem Mesolithikum und der Neusteinzeit gefunden wurden. Informationen zur Fauna und Flora der Region findet man in einem Besucherzentrum sowie drei kleinen Museen.

Wissenswertes über Sizilien

Gewusst wie: Sizilien lässt sich entspannt bereisen. Auch die Bahn ermöglicht interessante Abstecher – wie hier über die Eisenbahnbrücke bei Caltanissetta (→ S. 87).

Fragen zu Geschichte, Sprache und kulinarischen Begriffen, zu Anreise, Feiertagen, Reiselektüre und -wetter? Dieses Kapitel enthält wichtige Informationen und wertvolle Tipps von A–Z.

Jahreszahlen und Fakten im Überblick

Rund 1000 v. Chr.
Auf Sizilien leben die Sikuler, Sikaner und Elymer, drei indogermanische Völker, die erst kurz zuvor aus anderen Teilen Europas einwanderten.

8.–6. Jh. v. Chr.
Beginn der griechischen Kolonisation der Ost- und Südküste, während die Karthager sich in Westsizilien niederlassen. Gründung von Messina, Catánia, Syrakus, Gela und Agrigent. Sizilien wird als Teil Griechenlands (Magna Graecia) verstanden.

505 v. Chr.
Die Oligarchie in den griechischen Stadtstaaten wird durch verschiedene Tyrannen (Alleinherrscher) ersetzt.

480 v. Chr.
Die Griechen erlangen in Schlacht von Himera einen bedeutenden Sieg über die Karthager.

405 bis 367 v. Chr.
Dionysios I. bestimmt als Tyrann von Syrakus die Geschicke Siziliens.

264–241 v. Chr.
Sizilien wird zum Schauplatz des Ersten Punischen Krieges. Rom behauptet sich gegen Karthago, und Sizilien wird – mit Ausnahme von Syrakus – römische Provinz.

212 v. Chr.
Die Römer erobern Syrakus im Zweiten Punischen Krieg.

139 bis 132 v. Chr.
Der syrische Sklave Eunus führt einen Sklavenaufstand gegen die Römer an.

70 v. Chr.
Gaius Verres, der römische Statthalter von Sizilien, wird von Cicero wegen Amtsvergehen angeklagt.

476
Die Ostgoten übernehmen die Herrschaft über Sizilien.

535
Der byzantinische General Belisar fällt in Sizilien ein.

827–902
Die Sarazenen erobern von Tunis aus die Insel, als letzte christliche Bastion fällt Taormina. Palermo wird Hauptstadt und wächst zu einer der größten Städte der damaligen Zeit heran.

ab 1061
Die Normannen unter der Führung der Brüder Robert Guiscard und Roger I. setzen sich in Messina fest und beginnen mit der Eroberung Siziliens. Dreißig Jahre später wird Palermo eingenommen.

1130
Sizilien wird unter König Roger II. vereint. In den nächsten hundert Jahren wird die Insel eine der wirtschaftlich und kulturell bedeutendsten Regionen Europas.

1194
Die Staufer erben das Königreich Sizilien von den Normannen. Friedrich II. formt bis zu seinem Tod (1250) mit Geschick und eiserner Hand einen aufgeklärten Zentralstaat.

1266
Papst Clemens IV. ernennt Karl I. aus dem Haus Anjou zum König.

1282
Sizilianische Vesper: Aufstand gegen den unbeliebten König Karl I. von Anjou. Neuer König wird der mit einer Staufertochter verheiratete Peter III. aus dem spanischen Haus Aragon. Sizilien wird dadurch politisch vom übrigen Italien abgetrennt.

1302
Im Frieden von Caltabellotta endet der langwierige, durch die Sizilianische Vesper eingeleitete Krieg.

1434
In Catánia wird die erste Universität Siziliens gegründet.

1442
Unter Alfons V. von Aragon wird Sizilien mit dem Königreich Neapel vereint.

1516
Durch den Habsburger Karl V. werden die Geschicke Siziliens noch enger mit Spanien verknüpft.

1669
Ein heftiger Ausbruch des Ätna fordert 100 000 Todesopfer.

1693
Ein gewaltiges Erdbeben richtet im Osten Siziliens enorme Schäden an. Noto und Módica werden fast vollständig zerstört, große Teile von Siracusa und Ragusa ruiniert, Catánia wird in einen Steinhaufen verwandelt. Der Wiederaufbau erfolgt im prachtvollen Barockstil.

1767
Der deutsche Baron von Riedesel verfasst einen Reiseführer über die Insel. Sechs Jahre später folgt Patrick Brydones Reisebuch, das Sizilien als hochgradig romantische Insel lobt.

1860
Giuseppe Garibaldi landet mit tausend schlecht bewaffneten Kämpfern auf Sizilien. In kurzer Zeit gelingt es ihm jedoch, die Insel von der Bourbonenherrschaft zu befreien, um ein geeintes Italien herbeizuführen.

1861
Durch einen Volksentscheid wird Sizilien Teil des Königreichs Italien. Weiterhin herrscht große Armut.

ab 1870
Bedingt durch wirtschaftliche Not, wandern bis zum Ersten Weltkrieg mehr als 1,5 Millionen Sizilianer aus.

1908
Die Stadt Messina wird von einem Erdbeben zerstört, das 80 000 Todesopfer fordert.

1922–1943
Faschismus auf Sizilien. Mussolini erklärt der Mafia den Kampf, doch modifiziert er letztendlich die mafiosen Methoden nur in seinem Interesse.

1943
Die alliierten Streitkräfte landen am 7. Juni in der Nähe von Gela.

1946
Italienweit entscheiden sich 54,3 % für die republikanische Staatsform. Die Regierung in Rom gesteht Sizilien den Status einer teilautonomen Region im italienischen Staatsverband zu.

ab 1960
Zahlreiche Sizilianer suchen wegen Arbeitslosigkeit ihr Glück in Deutschland und der Schweiz.

1992
Die Ermittlungrichter Giovanni Falcone und Paolo Borsellino werden von der Mafia ermordet.

1993
Der bekannte Mafiaboss Totò Riina wird im Januar in Palermo verhaftet. Die Attentate auf Falcone und Borsellino sollen auf sein Konto gehen.

1997
Das Tal der Tempel von Agrigent und die Villa Romana del Casale werden in die Liste der Weltkulturerbegüter der UNESCO aufgenommen.

2006
Der Mafiaboss Bernardo Prorenzano wird bei Corleone festgenommen.

Nie wieder sprachlos

Wichtige Wörter

ja	*sì [sí]*
nein	*no [nó]*
danke	*grazie [grázie]*
Wie bitte?	*prego, come? [prégo, kóme]*
Ich verstehe nicht.	*non capisco [non kapísko]*
Entschuldigung	*scusa, scusi [skúsa, skúsi]*
Hallo	*ciao [tscháo]*
Guten Morgen/ Guten Tag	*buon giorno [buón dschórno]*
Guten Abend	*buona sera [buóna séra]*
Auf Wiedersehen	*arrivederci [arriwedértschi]*
Ich heiße ...	*mi chiamo ... [mi kiámo]*
Ich komme aus ...	*(io) vengo da ... [(ío) wéngo da]*
- Deutschland.	*- Germania. [dschermánia]*
- Österreich.	*- Austria. [aústria]*
- der Schweiz.	*- Svizzera. [swízzera]*
Wie geht´s?	*Come va? [kóme wá]*
Danke, gut.	*Bene, grazie. [béne, grázie]*
wer, was, welcher	*chi, (che) cosa, quale [kí, (ké) kósa, kuále]*
wann	*quando [kuándo]*
wie viel	*quanto [kuánto]*
wie lange	*per quanto tempo [per kuánto témpo]*
Sprechen Sie deutsch/ englisch?	*Lei parla il tedesco/l'inglese? [léi párla il tedesko/l'inglése]*
heute	*oggi [ódschi]*
morgen	*domani [dománi]*
gestern	*ieri [iéri]*

Zahlen

eins	*uno [úno]*
zwei	*due [dúe]*
drei	*tre [tré]*
vier	*quattro [kuáttro]*
fünf	*cinque [tschínkue]*
sechs	*sei [séi]*
sieben	*sette [sétte]*
acht	*otto [ótto]*
neun	*nove [nówe]*
zehn	*dieci [diétschi]*
einhundert	*cento [tschénto]*
eintausend	*mille [míle]*

Wochentage

Montag	*lunedì [lunedí]*
Dienstag	*martedì [martedí]*
Mittwoch	*mercoledì [merkoledí]*
Donnerstag	*giovedì [dschiowedí]*
Freitag	*venerdì [wenerdí]*
Samstag	*sabato [sábbato]*
Sonntag	*domenica [doménika]*

Unterwegs

rechts	*destra [déstra]*
links	*sinistra [sinístra]*
geradeaus	*diritto [dirítto]*
Wie weit ist es nach ...?	*Quanto è distante ...? [kuánto é distánte]*
Wie kommt man nach ...?	*Come si arriva a ...? [kóme si arríwa a]*
Wo ist ...	*Dove è ... [dowe é]*
- die nächste Werkstatt?	*- l'officina più vicina? [l'offitschína piú vitschína]*
- der Bahnhof?	*- la stazione? [la stazióne]*
- der Flughafen?	*- l'aeroporto? [l'aeropórto]*
- die Touristeninformation?	*- l'informazione turistica? [l'informazióne turístika]*
- die nächste Bank?	*- la banca più vicina? [la bánka piú witschína]*
- die nächste Tankstelle?	*- il distributore di benzina più vicino? [il distributóre di benzína]*

Bitte voll tanken!	*Pieno per favore! [piéno per fawóre]*
bleifrei	*senza piombo/ benzina verde [sénza piómbo/ benzína wérde]*
Wir hatten einen Unfall.	*Abbiamo avuto un incidente. [abbiámo awúto ún intschidénte]*
Wo finde ich ...	*Dovo trovo ... [dówo trówo]*
- einen Arzt?	*un medico? [un médiko]*
- eine Apotheke?	*una farmacia? [una farmatschía]*
Eine Fahrkarte nach ... bitte!	*Per favore, un biglietto per ...! [per fawóre, un biliétto per]*

Übernachten

Ich suche ein Hotel.	*Cerco un albergo. [tschérko un albérgo]*
Ich suche ein Zimmer für ... Personen.	*Cerco una camera per ... persone. [tschérko una kámera per ... persóne]*
Haben Sie noch Zimmer frei ...	*Lei ha ancora una camera libera ... [léi á ankóra una kámera líbera]*
- für eine Nacht?	*- per una notte? [per una nótte]*
- für zwei Tage?	*- per due giorni? [per due dschiórni]*
- für eine Woche?	*- per una settimana? [per una settimána]*
Ich habe ein Zimmer reserviert.	*Ho prenotato una camera. [o prenotáto una kámera]*
Wie viel kostet das Zimmer ...	*Quanto costa la camera ... [kuánto kósta la kámera]*
- mit Frühstück?	*- con prima/piccola colazione? [kon príma/píkkola kolazióne]*
- mit Halbpension?	*- con mezza pensione? [kon mézza pensióne]*
Ich nehme das Zimmer.	*Sì, la prendo. [sí, la préndo]*
Kann ich mit Kreditkarte zahlen?	*Posso pagare con la carta di credito? [pósso pagáre kon la kárta di krédito]*
Ich möchte mich beschweren.	*Devo reclamare. [déwo reklamáre]*
funktioniert nicht	*non funziona [non funzióna]*

Essen und Trinken

Die Speisekarte bitte!	*Il menu, per favore! [il menú, per fawóre]*
Die Rechnung bitte!	*Il conto, per favore! [Il kónto, per fawóre]*
Ich hätte gern ...	*Vorrei ... [worréi]*
Auf Ihr Wohl!	*Cincin! [tschintschin]*
Wo finde ich die Toiletten (Damen/ Herren)?	*Dove trovo i gabinetti (donne/uomini)? [dowe trowo i gabinétti (dónne/ uómini)]*
Kellner/-in	*cameriere/-a [kameriére/-a]*
Frühstück	*prima/piccola colazione [príma/píkkola kolazióne]*
Mittagessen	*pranzo [pránzo]*
Abendessen	*cena [tschéna]*

Einkaufen

Wo gibt es ...?	*Dove è ... [dowe é]*
Haben Sie ...?	*Lei ha ...? [léi á]*
Wie viel kostet ...?	*Quanto costa ...? [kuánto kósta]*
Das ist zu teuer.	*Costa troppo. [kósta tróppo]*
Das gefällt mir/ gefällt mir nicht.	*Questo mi piace/ non mi piace. [quésto mi piátsche/nón mi piátsche]*
Ich nehme es.	*Lo prendo. [lo préndo]*
geöffnet/ geschlossen	*aperto/chiuso [apérto/kiúso]*

Die wichtigsten kulinarischen Begriffe

Im Restaurant

cameriere:	Kellner
cena:	Abendessen
colazione (pranzo):	Mittagessen
Dove trovo i gabinetti? (Signore/ Signori):	Wo finde ich die Toiletten? (Damen/ Herren)
Il conto, per favore:	Die Rechnung bitte
La lista delle vivande (il menu), per favore:	Die Speisekarte bitte
prima (piccola) colazione:	Frühstück
Vorrei un caffè:	Ich hätte gern einen Kaffee

A

acciughe: Sardellen
aceto: Essig
acqua: Wasser
– *minerale:* Mineralwasser
– *naturale:* Leitungswasser
aglio: Knoblauch
agnello: Lamm
alla griglia: gegrillt
aneletti gratinati: panierte Tintenfischringe mit Knoblauch und Pfeffer gewürzt
anguilla: Aal
anguria: Wassermelone
antipasto: Vorspeise
aragosta: Languste
arancini di riso: gefüllte Reiskugeln
aranga: Hering
arrostito: gebraten
arrosto: Braten
– *di maiale:* Schweinebraten
– *di manzo:* Rinderbraten
– *di tacchino:* Putenbraten
– *di vitello:* Kalbsbraten
asparagi: Spargel

B

baccalà: Stockfisch
barbio (oder *barbo*): Barbe
basilico: Basilikum
bevande: Getränke
bieta: Mangold
birra: Bier
– *chiara:* helles Bier
– *scura:* dunkles Bier
– *alla spina:* Bier vom Fass
biscotto: Keks
bistecca: Steak, Schnitzel
bollito: gekocht
bottarga di tonno: Tunfischrogen
braciola: Kotelett
branzino: Seebarsch
brasato: geschmort
brodo: Fleischbrühe
bucatini: lange, runde Röhrchennudeln
burro: Butter

C

cacciagione: Wildbret
caffè (espresso): Espresso
– *latte:* Milchkaffee
– *macchiato:* Espresso mit einem Schuss Milch
calamari: Tintenfische
cameriere: Kellner
camomilla: Kamillentee
cannelloni: gefüllte, überbackene Nudelröllchen
cannuccia: Strohhalm
caponata: Auberginenscheiben mit Knoblauch und Zwiebeln gewürzt
capperi: Kapern
cappuccino: Kaffee mit aufgeschäumter Milch
capreto: Zicklein
carciofo: Artischocke
carne: Fleisch
carota: Karotte
cassata: Eis mit kandierten Früchten
cavatappi: Strohhalm
cavolfiore: Blumenkohl
ceci: Kichererbsen
cefalo: Meeräsche
cena: Abendessen
cena vegetariano: vegetarisches Abendessen
cervo: Hirsch

cetriole: Gurke
ciliegia: Kirsche
cinghiale: Wildschwein
cioccolata: Trinkschokolade
cipolla: Zwiebel
cocomero: Wassermelone
coniglio: Kaninchen
conto: Rechnung
contorni: Beilagen
coratella: Innereien
cornetto: Hörnchen
costata: Entrecôte
cotoletta: Kotelett
– *alla milanese:* Wiener Schnitzel
cozze: Miesmuscheln
crème caramel: Karamellpudding
crostacei: Krebstiere
crostino: geröstetes Brot
crudo: roh
cucchiaino: Löffel
cuscus: Hirsegericht, nordafrikanischen Ursprungs

D

dattero: Dattel
dentice: Zahnbrasse
dolce: süß, Süßspeise
duro: hart, zäh

E

erbe: Kräuter

F

fagiano: Fasan
fagioli: weiße Bohnen
fagiolini: grüne Bohnen
faraona: Perlhuhn
farfalle: Schmetterlingsnudeln
farsumagru: gefüllter Rinder- oder Kalbsbraten
fatto in casa: hausgemacht
fegato: Leber
fettuccine: Bandnudeln
fico: Feige
filetto: Filet
finocchio: Fenchel
focacce: gefüllte Teigkrapfen
forchetta: Gabel
formaggio: Käse
fragola: Erdbeere
fritto misto di pesce: gebackene Fische und Meeresfrüchte
frutta: Obst
– *alla martorana:* Marzipansüßspeise
frutti di mare: Meeresfrüchte
funghi: Pilze
– *porcini:* Steinpilze
fusilli: spiralförmige Nudeln

G

gambero: Krebs
gelato: Eis
ghiaccio: Eiswürfel
gnocchetti: Kartoffelklößchen
granita: zerstoßenes Eis mit Fruchtsaft
granoturco: Mais
grappa: Tresterschnaps
grissini: dünne Knabberstangen

I

insalata: Salat
– *mista:* gemischter Salat
– *verde:* grüner Salat
involtini: Fleischrouladen

L

lamponi: Himbeeren
lasagne al forno: überbackenes Nudelgericht
latte: Milch
– *di mandorla:* Mandelmilch
lattuga: Kopfsalat
lenticchie: Linsen
lepre: Hase
lesso: gekocht
limone: Zitrone
lingua: Zunge
linguine: schmale Bandnudeln
liquore: Likör
litro: Liter
– *un mezzo litro:* halber Liter
– *un quarto litro:* Viertelliter
lobata: Lendenbraten
lumache: Schnecken

M

maccheroni: dicke, hohle Nudeln
magro: mager
maiale: Schwein
maialetto: Ferkel
mandarino: Mandarine
manzo: Rind

marmellata: Marmelade
marsala: Dessertwein
mela: Apfel
melanzane: Auberginen
melone: Zuckermelone
merluzzo: Kabeljau
miele: Honig
minestra: Suppe
minestrone: Gemüsesuppe mit Nudeln
mirtilli: Heidelbeeren
montone: Hammel
more: Brombeeren
mozzarella: Büffelkäse
muggine: Meeräsche

N
nasello: Schellfisch
nocciola: Haselnuss
noce: Nuss
nodino di vitello: Kalbskotelett

O
oca: Gans
olio: Öl
olive: Oliven
orata: Goldbrasse
ossobuco: Stück Kalbshaxe
ostriche: Austern

P
panada: Brotsuppe
pancetta: Schweinebauch
pane: Brot
– *integrale:* Vollkornbrot
panino: Brötchen, belegtes Brot
panna: Sahne
panettone: Hefekuchen
pappardelle: kurze, breite Nudeln
parmigiano: Parmesankäse
pasta: Teig, Nudeln
pasta al brodo: Nudelsuppe
pastasciutta: Nudelgericht mit Soße
pasticcio: überbackenes Nudelgericht
patate: Kartoffeln
– *arrostite:* Bratkartoffeln
– *fritte:* Pommes frites
– *lesse:* Salzkartoffeln
pecorino: Schafskäse
penne lisce: kurze, dicke, angespitzte und hohle Nudeln
penne rigate: kurze, geriffelte, dicke und angespitzte hohle Nudeln
pepe: Pfeffer
peperonata: Paprika-Tomaten-Gemüse
peperoncino: kleine Pfefferschote
peperone: Paprika
pera: Birne
pesca: Pfirsich
pesce: Fisch
– *spada:* Schwertfisch
pesto: Basilikumsoße mit zerstoßenen Pinienkernen, Parmesan und Knoblauch
petto di pollo: Hühnerbrust
piatto: Teller, Gang
– *del giorno:* Tagesgericht
piccata: Kalbfleischscheibe
piccione: Taube
piselli: Erbsen
pistacchi: Pistazien
polenta: Maisbrei
polipo: Tintenfisch
pollo: Huhn
polpetta: Frikadelle
pomodoro: Tomate
pompelmo: Grapefruit
porchetto: Ferkel
porcini: Steinpilze
portacenere: Aschenbecher
posate: Besteck
pranzo: Mittagessen
– *vegetariano:* vegetarisches Mittagessen
prima colazione: Frühstück
prosciutto: Schinken
– *cotto:* gekochter Schinken
– *crudo:* roher Schinken
provolone: pikanter Käse
prugna: Pflaume
purè di patate: Kartoffelpüree

Q
quaglia: Wachtel

R
radicchio: Radicchiosalat
rafano: Rettich
rape: Kohlrabi
ravanelli: Radieschen
ravioli: gefüllte Teigtaschen
ribes: Johannisbeeren

riccio: Seeigel
ricotta: quarkartiger Käse
rigatoni: kurze, geriffelte Nudeln
riso: Reis
risotto: Reisgericht
– *alla marinara:* mit Meeresfrüchten
– *alla milanese:* Reis mit Safran
– *nero:* mit Tintenfischsoße
rognoni: Nieren
rombo: Steinbutt

S
sale: Salz
salmone: Lachs
salsa: Soße
– *verde:* grüne Kräutersoße
salsiccia: Würstchen
saltimbocca: Kalbsmedaillons mit Salbei und Parmaschinken
salvia: Salbei
sarago: Brasse
sarde: Sardinen
scaloppine di vitello: kleine Kalbsschnitzel
sedano: Sellerie
semifreddo: Halbgefrorenes
senape: Senf
seppia: Tintenfisch
servizio: Bedienung
sgombro: Makrele
sogliola: Seezunge
spaghetti: Spaghetti
– *aglio, olio e peperoncino:* mit Knoblauch, Peperoncini, Olivenöl und Pfefferschoten
– *al burro:* mit Butter
– *alla carbonara:* mit Speck und Ei
– *alla Norma:* mit Tomatensoße und Auberginenscheiben
– *al pesto:* mit Basilikumsoße
– *alla puttanesca:* mit Tomatensoße, Oliven und scharfen Gewürzen
– *al ragù:* mit Fleischsoße
spezzatino: Kalbsgulasch
spiedino: Spießchen
spiedo (allo): vom Spieß
spiedino di carne: Fleischspieß
spigola: Seebarsch
spinaci: Spinat
spumante: Sekt
stracciatella: Eierflaumsuppe
stufato: gedünstet
stuzzicadenti: Zahnstocher
sugo: Soße

T
tacchino: Truthahn
tagliatelle: Bandnudeln
tartufo: Trüffel
tavola calda: Schnellimbiss
tavolo: Tisch
tenero: zart
timballo: Nudelauflauf
timo: Thymian
tiramisu: Dessert mit Löffelbiskuit und Mascarponecreme
tonno: Tunfisch
tortellini: gefüllte Teigtaschen
tortelloni: große Tortellini
tovagliolo: Serviette
tramezzino: Sandwich
trenette: lange, dünne und flache Nudeln
triglia: Barbe
trippa: Kutteln
trota: Forelle

U
uovo: Ei
– *à la coque:* weich gekochtes Ei
– *sodo:* hart gekochtes Ei
– *strapazzato:* Rührei
– *al tegamino (al burro):* Spiegelei
uva: Trauben

V
verdura: Gemüse
vermicelli: Fadennudeln
vino: Wein
– *bianco:* Weißwein
– *rosato:* Roséwein
– *rosso:* Rotwein
– *santo:* süßer Dessertwein
vitello: Kalb
– *tonnato:* Kalbsbratenscheiben mit Tunfischsoße
vongole: Venusmuscheln

Z
zabaione: Wein-Eier-Creme
zampone: Schweinshaxe
zucca: Kürbis
zuppa: Suppe
– *di pesce:* Fischsuppe

Nützliche Adressen und Reiseservice

Auf einen Blick

Fläche: 25 462 qkm

Hauptstadt: Palermo ist der Sitz des sizilianischen Parlamentes.

Höchster Berg: Ätna (ca. 3350 m).

Einwohnerzahl: 5 016 000 Einwohner.

Religion: 95 Prozent der Bevölkerung sind römisch-katholisch.

Staatsform: Parlamentarische Demokratie.

Wirtschaft: Die Landwirtschaft und der Dienstleistungssektor (Tourismus) sind die größten Arbeitgeber der Insel, während die Bedeutung der Industrie stark rückläufig ist.

Anreise

Mit dem Auto

Wer mit dem eigenen Gefährt anreist, muss eine langwierige Autofahrt auf sich nehmen: Die Entfernung von München nach Messina beträgt rund 1600 km. Dafür gewährt ein eigenes Fahrzeug später Unabhängigkeit und den größten Aktionsradius für Erkundungen im Inselinneren.

Die meisten Reisenden aus Süd- und Norddeutschland sowie aus Österreich fahren über den Brenner. Wer in Westdeutschland oder in der Schweiz wohnt, wählt den Weg durch den St. Gotthard-Tunnel. Wiener fahren über Klagenfurt und Tarvisio nach Bologna. Egal ob man aus Deutschland, Österreich oder der Schweiz anreist, ab Florenz vereinen sich die Wege. Auf der »Autostrada del Sole« geht es zielstrebig gen Süden.

Wer auf dem schnellsten Weg nach Sizilien kommen und langwierige Ortsdurchfahrten umgehen will, muss die **Autobahn** benutzen. Sie ist in Italien bis Salerno (südlich von Neapel) gebührenpflichtig. An **Mautkosten** fallen vom Brenner bis Salerno rund 55 € (einfach) an. Auch die Transitländer Schweiz und Österreich bitten zur Kasse. Die Schweiz bietet nur eine Jahresvignette, in Österreich ist eine Vignette für kürzere Zeiträume erhältlich. In Italien empfiehlt sich der Kauf der bequemen VIACARD (magnetische Kreditkarte).

Wer die Anreise nicht in Dauerstress ausarten lassen will, sollte mindestens zwei, wenn nicht gar drei Tage für die Hin- wie auch für die Rückfahrt einplanen. Die Höchstgeschwindigkeit auf Landstraßen beträgt 90 km/h, auf Autobahnen je nach Hubraum zwischen 110 und 130 km/h (über 1100 ccm). In Italien besteht Gurtpflicht und es gilt die 0,5-Promille-Grenze. Zudem herrscht Lichtpflicht auf allen Straßen. Eine Warnweste ist ebenfalls zwingend vorgeschrieben.

Mit dem Schiff

Vom italienischen Festland aus bestehen mehrere Möglichkeiten, die Autofahrt nach Sizilien abzukürzen. Fähren verkehren regelmäßig zwischen Genua und Palermo (20 Stunden), Livorno und Palermo (17 Stunden) sowie zwischen Neapel und Palermo (neun Stunden). Eine Buchung empfiehlt sich vor allem in den Sommermonaten. Ein PKW und zwei Personen kosten für die Überfahrt von Genua nach Palermo in der Hochsaison mindestens 350 €. Die Reederei Grandi Navi Veloce, die die meisten Fährverbindungen nach Sizilien anbietet, wird in Deutschland vertreten durch:

J. A. Reinecke

22941 Bargteheide, Jersbeker Str. 12; Tel. 0 45 32/20 55 16, Fax 2 25 66; www.jareinecke.de

Mit dem Zug

Eine rund zwanzig- bis dreißigstündige Anreise ist sicher nicht jedermanns Sache. Im Liege- oder Schlafwagen gestaltet sich die Zugreise aber angenehm. Beim Überqueren der Meerenge von Messina ist es dabei nicht einmal nötig, das Zugabteil zu verlassen. Dringend zu empfehlen ist die Reservierung: Züge nach Kalabrien und Sizilien sind immer bis auf den letzten Platz besetzt. Im Vergleich zum Flug ist die Zugfahrt finanziell gesehen nur für Süddeutsche, Österreicher und Schweizer interessant (ca. 220 €), Hamburger zahlen je nach Vergünstigung zwischen 270 € und 400 €.

Mit dem Flugzeug
Die schnellste und oftmals günstigste Anreise ist die mit dem Flugzeug. In rund drei bis vier Stunden ist das Urlaubsziel erreicht. Sizilien besitzt zwei internationale Flughäfen, die mehrmals täglich von Deutschland, Österreich und der Schweiz angeflogen werden: **Falcone-Borsellino**, 32 km westlich von Palermo, und **Fontanarossa**, 8 km von Catánia entfernt. Die Preise für ein Flugticket auf die Insel bewegen sich ab 250 € (Charter) aufwärts.

Rückflugbestätigung
Alitalia
Palermo, Tel. 09 16 01 91 11
Catánia, Tel. 0 95 25 21 11
Lufthansa
Rom, Tel. 06 65 68 40 04

Auskunft

Die Außenstellen des staatlichen Fremdenverkehrsamtes **ENIT** halten nur wenige Informationen bereit. Bei Anfragen wende man sich an die Fremdenverkehrsämter der jeweiligen Ferienorte (**AAST** steht für Azienda Autonoma di Soggiorno e Tourismo) oder Provinzen (**AAPIT** ist die Abkürzung für Azienda Autonoma Provinciale per l'Incremento Turistico).

Italienische Zentrale für Tourismus ENIT
In Deutschland
- Friedrichstr. 187, 10117 Berlin; Tel. 0 30/2 47 83 98, Fax 2 47 83 99; www.enit-italia.de
- Kaiserstr. 65, 60329 Frankfurt; Tel. 0 69/23 74 34, Fax 23 28 94
- Lenbachplatz 2, 80333 München; Tel. 0 89/53 13 17, Fax 53 45 27

In Österreich
Kärntner Ring 4, 1010 Wien;
Tel. 01/5 05 16 39, Fax 5 05 02 48;
www.enit.at

In der Schweiz
Uraniastr. 32, 8001 Zürich;
Tel. 0 43/4 66 40 40, Fax 0 43/4 66 40 41;
www.enit.ch

Bevölkerung

Mit seinen etwas mehr als fünf Millionen Einwohnern ist Sizilien die bevölkerungsreichste Insel im Mittelmeer. Rund 90 % der Sizilianer leben in Städten oder größeren Dörfern, davon mehr als 700 000 allein in Palermo. Von einer alteingesessenen oder gar angestammten Bevölkerung kann kaum gesprochen werden. Denn Sizilien ist – und war es immer – ein wahrer Schmelztiegel der Völker und Kulturen. Seit der Antike haben sich phönizische, griechische, römische, arabische und normannische Elemente miteinander verbunden. So gesehen gibt es den typischen Sizilianer nicht, oder besser gesagt: Dieses kulturelle Gemisch macht den typischen Sizilianer erst aus.

Buchtipps

- Camilleri, Andrea: **Die Form des Wassers** (Lübbe Verlag, 2006); seit seinem ersten Fall gehört Commissario Montalbano zu den Klassikern der Kriminalliteratur.
- Cardella, Lara: **Ich wollte Hosen** (Fischer Verlag, 1999); Bestseller, der die sizilianischen Machoverhältnisse sarkastisch aufs Korn nimmt und die Unterdrückung der (sizilianischen) Frau anprangert.
- Finley, Smith, Duggan: **Geschichte**

Die traditionellen carretti sind nur noch selten auf der Straße zu sehen. Eher stößt man im Museum auf solch einen bunt bemalten sizilianischen Karren.

Siziliens und der Sizilianer (C. H. Beck Verlag, 1998); eine fundierte Darstellung der sizilianischen Geschichte von den Anfängen bis zur Gegenwart. Sie stammt aus der Feder dreier renommierter Historiker.
- Herbst, Alban Nikolai: **Eine Sizilische Reise** (dtv, 2002); fantastisch-skurriler Roman.
- Lampedusa, Giuseppe Tomasi di: **Der Leopard** (Piper Verlag, 1999); zählt zu den großen Werken der italienischen Literatur. Erzählt wird die Krise des sizilianischen Adels vor dem Hintergrund der politischen Umwälzungen, ausgelöst durch die von Giuseppe Garibaldi herbeigeführte Einheit Italiens.
- Maraini, Dacia: **Bagheria** (Piper Verlag, 2002); in ihren Kindheitserinnerungen prangert die Autorin die durch mafiose Strukturen bedingten Zerstörungen des sizilianischen Barockstädtchens Bagheria an.
- Nestmeyer, Ralf (Hg.): **Sizilien – ein literarisches Landschaftsbild** (Insel Verlag, 2000). Anthologie zum Weiterlesen.
- Pirandello, Luigi: **Wie ein Tag** (dtv Verlag, 2002); fünf kurze, zweisprachige Erzählungen von Luigi Pirandello, der 1934 den Literaturnobelpreis erhielt.
- Puzo, Mario: **Der Pate** (Rowohlt Verlag, 2001); Mafiamelodram um einen in New York zu Macht und Einfluss gekommenen Sizilianer.
- Sciascia, Leonardo: **Mein Sizilien** (Wagenbach Verlag, 1995); Kurzgeschichten, in denen sich der Autor mit liebevoller Distanz mit seiner Heimatinsel beschäftigt.
- Sciascia, Leonardo: **Der Tag der Eule** (Aufbau Verlag, 2000); der wohl bekannteste von Sciascias Kriminalromanen.
- Seume, Johann Gottfried: **Spaziergang nach Syrakus im Jahre 1802** (Insel Verlag, 2002); ein Klassiker der Reiseliteratur. Seume wanderte von Deutschland bis nach Syrakus.
- Stille, Andreas: **Die Richter** (C. H. Beck Verlag, 2001); faktenreicher und packender Hintergrundbericht über die Arbeit und den Tod der Mafia-Richter Giovanni Falcone und Paolo Borsellino.

Diplomatische Vertretungen

Deutsche Konsulate

→ Umschlagkarte hinten, nördl. c 1

- **Viale Scaduto 2d, 90141 Palermo; Tel. 0 91 6 25 46 60**
- **Via San Sebastiano 13, 98100 Messina; Tel. 0 90 67 17 80**

Schweizer Konsulat

→ S. 33, nördlich b 1

Via G. D'Annunzio, 95100 Catánia; Tel. 0 95 44 15 29

Österreichisches Konsulat

→ Umschlagkarte hinten, nordwestlich b 1

Via L. da Vinci 145, 90141 Palermo; Tel. 09 16 82 56 96

Feiertage

Banken, Büros und Geschäfte haben an Feiertagen geschlossen:

1. Jan.	Capodanno (Neujahr)
6. Jan.	Epifania (Dreikönigsfest)
Ostermontag	Lunedi dell' Angelo
25. April	La Liberazione (Tag der Befreiung vom Faschismus)
1. Mai	Festa del lavoro (Tag der Arbeit)
15. Aug.	Ferragosto (Maria Himmelfahrt)
1. Nov.	Ognisanti (Allerheiligen)
8. Dez.	L'Immacolata (Maria Empfängnis)
25./26. Dez.	Weihnachten/Santo Stefano

Fernsehen

Italien ist ein Medienparadies. Nicht umsonst konnte ein Medienunternehmer zum Ministerpräsidenten avancieren. Das Niveau der meisten kommerziellen TV-Programme ist nicht sehr hoch, weswegen sich die Programme des staatlichen Fernsehsenders (RAI) teilweise wohltuend abheben.

FKK

Das Nacktbaden ist in Italien offiziell verboten, doch wird es an einigen abgelegenen Stränden praktiziert. Wer die Hüllen fallen lässt, sollte sich darüber im Klaren sein, dass eine nahtlose Urlaubsbräune nicht den Moralvorstellungen der Bevölkerung entspricht. Selbst »oben ohne« wird nicht gern gesehen.

Fotografieren

Die Benutzung eines Blitzlichtes oder Stativs ist in Museen und Kirchen meist verboten, manchmal auch das Fotografieren an sich. Wer Einheimische fotografieren möchte, sollte sie um Erlaubnis fragen. Wegen der extremen Lichtverhältnisse empfiehlt sich ein UV- oder Polarisationsfilter.

Geld

Am 1. Januar 2002 wurden die Euro-Banknoten und -Münzen in Umlauf gebracht. Seit diesem Termin entfallen die lästigen Wechselmodalitäten für Deutsche und Österreicher.

Die Banken sind in der Regel werktags von 8.20–13.20 Uhr geöffnet; manche Filialen öffnen zusätzlich von 15–16 Uhr.

Kreditkarten werden von den meisten Hotels und Restaurants akzeptiert, wobei man in der Regel im Inselinneren mit einer Kreditkarte auf größere Schwierigkeiten trifft. Eine **EC-Karte** mit Geheimzahl oder eine Kreditkarte sind hilfreich, denn Geldautomaten sind mittlerweile weit verbreitet. Inhaber von **Postsparbüchern** können nur mit der Postbank SparCard 3000plus Geld abheben.

Devisen dürfen in beliebiger Höhe eingeführt werden. Von Italien darf ein Betrag von 10 300 € ausgeführt werden. Für höhere Beträge ist eine Bewilligung des Zolls notwendig.

Geografie und Geologie

Mit einer Fläche von 25 462 qkm ist Sizilien die größte Insel im Mittelmeer. Die Griechen nannten sie wegen ihrer dreieckigen Form »Trinacria«. Es ist nicht sicher, ob die Insel jemals mit dem Festland verbunden war oder

Nebenkosten in Euro

1 Tasse Kaffee	1–1,40
1 Bier	1,80–2,50
1 Cola	1,50–2,50
1 Schachtel Zigaretten	3
1 Liter Benzin	ca. 1,30
10 km Zugfahrt	ca. 0,80
Mietwagen/Tag	ab ca. 50

erst im Tertiärzeitalter aus dem Meer aufgetaucht ist. Nur 3 km ist der **Stretto** breit, die Meerenge von Messina, die Sizilien vom italienischen Stiefel trennt. Das Wahrzeichen Siziliens ist der Ätna, der größte aktive Vulkan Europas. Sein rund 3350 m hoher Vulkankegel beherrscht die Ostküste Siziliens. Im Inselinneren gibt es nur wenige Ebenen, der größte Teil des Landes ist gebirgig und hügelig. Entlang der Tyrrhenischen Küste erstreckt sich eine mächtige Bergkette. In einem Abschnitt davon, der im Hinterland von Cefalù gelegenen Madonie, ist der größte Pflanzenreichtum der Insel anzutreffen. Mehr als die Hälfte aller auf Sizilien beheimateten Pflanzenarten sind in dem Gebirge zu finden und können dort bewundert werden.

Internet

Zahlreiche Infos zu Kultur, Hotels, Sport und Veranstaltungen auf Italienisch und Englisch.
www.sicilia.indettaglio.it
www.regione.sicilia.it/turismo
www.sicilyweb.com
www.enit.it
www.walksicily.de

Sizilien mit dem Rad
www.sizilien-rad.de

Kleidung

Für die heißen Sommertage empfiehlt sich vor allem leichte, luftige Baumwollkleidung und eine Kopfbedeckung. Regenfälle sind extrem selten. Reist man im Frühjahr oder Herbst oder will man den Ätna erkunden, so sind ein Pullover oder eine warme Windjacke angebracht. Im Winter muss in höheren Lagen mit Schnee gerechnet werden, an der Küste weht häufig ein kalter Wind.

Kriminalität

Vor der Mafia braucht sich kein Tourist zu fürchten, denn sie verdient ganz gut im und mit dem Tourismusgewerbe. Dafür gilt es, sich vor diversen Kleinkriminellen in Acht zu nehmen. Autodiebstähle kommen zwar kaum häufiger vor als in anderen südlichen Ländern. Vor allem am Strand und in den großen Städten wie Palermo oder Catánia empfiehlt es sich jedoch, ein paar Verhaltensregeln zu beachten. Im geparkten Auto sollten niemals Wertsachen zurückgelassen werden. Sinnvoll ist es, das Handschuhfach offen zu lassen, um nicht den Anschein zu erwecken, dass darin Wertsachen versteckt sein könnten. Beim Stadtbummel können Handtaschen eine leichte Beute für die auf dem Motorrad anbrausenden »scippatori« (Straßenräuber) sein. Pass, Kreditkarten und Geld sollte man daher lieber »unsichtbar« am Körper tragen.

Mafia

Die Macht der im 17. Jh. aus dem Brigantentum hervorgegangenen Mafia scheint auch trotz der jüngsten Mafiaprozesse ungebrochen. Seit dem Ende des Zweiten Weltkriegs ist es ihr gelungen, die neue Autonomie Siziliens nutzend, in vielen Bereichen kommunaler und regionaler Politik einen beträchtlichen Einfluss auszuüben. Dabei muss man sich die gegenwärtige Mafia als ein auf den internationalen Finanzmärkten agierendes Unternehmen vorstellen, das seine »schmutzigen« Gelder Gewinn bringend anzulegen versteht. Zwar gehören immer noch Drogenhandel, Glücksspiel und Prostitution zu diesem »Imperium«, aber das große Geld wird anderweitig verdient. So besitzt die Mafia zahlreiche Hotelketten, Bauunternehmen, Anteile an Banken und Versicherungen.

Medizinische Versorgung

In den Tourismuszentren ist die medizinische Versorgung problemlos gewährleistet. Im Landesinneren können allerdings bisweilen Sprachprobleme auftreten. Fast alle Gemeinden verfü-

La Pescheria (→ S. 57) in Catánia zählt zu den vitalsten Märkten der Insel. Auf sizilianischen Märkten gilt: handeln und feilschen!

gen in dringenden Fällen über eine **Guardia Medica Touristica**. Den mitgebrachten Auslandskrankenschein (Vordruck E 111) muss man beim örtlichen Gesundheitsdienst (**USL**) in einen in Italien gültigen Krankenschein umtauschen, erst anschließend kann ein Arzt, der diesen akzeptiert, aufgesucht werden. Eine private Reisekrankenversicherung empfiehlt sich daher als zusätzlicher Versicherungsschutz, da die Arztwahl frei ist und die entstandenen Kosten in Deutschland erstattet werden. Apotheken (»farmacie«) gibt es in jedem größeren Ort.

Notruf

Es gilt der in ganz Italien gültige Notruf 113 sowie 112 für die Carabinieri und 116 für die Pannenhilfe. Der ADAC-Notruf ist von Italien aus unter der Rufnummer 00 49/89/22 22 22 rund um die Uhr zu erreichen.

Politik

Die italienische Verfassung von 1948 räumte Sizilien den Status einer Region mit wirtschaftlicher und kultureller Teilautonomie ein. Sitz des sizilianischen Parlaments ist Palermo; die wichtigen politischen Entscheidungen fallen aber weiterhin in Rom. Das Verhältnis zwischen Sizilien und Rom blieb trotz der in den Fünfzigerjahren ins Leben gerufenen Hilfsfonds »Cassa per il Mezzogiorno« gespannt.

Post

Die italienischen Postämter sind in der Regel werktags von 8.10–13.20 Uhr geöffnet, in den größeren Städten häufig Mo–Fr auch bis 18 Uhr. Briefmarken (»francobolli«) sind zudem in den Tabakläden erhältlich.

Reisedokumente

Für Bürger aus Deutschland und Österreich genügt ein gültiger Personalausweis, für Schweizer die Identitätskarte.

Reiseknigge

Wenn Sie bei einer Sehenswürdigkeit auf einen wenig offiziell aussehenden Parkwächter treffen, geben Sie ihm den geforderten einen Euro, die Italiener tun es auch.

Reisewetter

Die angenehmsten Reisezeiten sind die Monate April, Mai, Juni sowie September und Oktober. Das Frühjahr beginnt im Februar mit der Mandelblüte. Im Sommer ist es im Landesinnern oft ausgesprochen heiß. Das Winterhalbjahr eignet sich zwar nicht zum Baden, dafür kann man die beschauliche Stimmung im Tal der Tempel oder bei der Besichtigung anderer Sehenswürdigkeiten genießen. Mit Ausnahme der Gebirgsgegenden sind die Temperaturen auch im relativ kurzen Winter recht angenehm, wenngleich es des Öfteren regnet.

Sprache

Mit Deutsch und Englisch kommt man – abgesehen von Hotels und anderen touristischen Dienstleistungsbetrieben – nicht sehr weit. Die einzige Ausnahme stellen die in ihre Heimat zurückgekehrten »Gastarbeiter« dar, die vor allem in den ärmeren Regionen anzutreffen sind. Da ein Großteil der Bevölkerung nur Italienisch spricht, ist es empfehlenswert, sich zumindest Grundkenntnisse anzueignen. Dies hilft bei der Suche nach einer Unterkunft und erleichtert die alltäglichen Einkäufe beim Bäcker und im Lebensmittelgeschäft ungemein. Allein der Versuch, sich in der Landessprache verständlich zu machen, wird wohlwollend zur Kenntnis genommen. Wenn sich dennoch Verständigungsschwierigkeiten ergeben, kann dies auch an den ausgeprägten sizilianischen Dialekten liegen.

Ein Hinweis zu den in diesem Reiseführer verwendeten Schreibweisen der Orts- und geografischen Namen: Die Akzentsetzungen dienen lediglich als Betonungszeichen, in vielen Karten und anderen Reiseführern wird darauf verzichtet.

Stromspannung

Normalerweise 220 Volt (Flachstecker). In älteren Privatpensionen ist es jedoch nicht ausgeschlossen, dass man noch auf Steckdosen trifft, die dem genormten Sicherheitsstandard nicht entsprechen; hierfür werden Eurostecker oder Adapter benötigt.

Telefon

Öffentliche Telefonzellen gibt es bei den Postämtern sowie an den wichtigen Plätzen in den Städten. Auch viele Bars und Hotels besitzen öffentliche Telefone, die jedoch häufig nicht abgeschirmt sind. Es empfiehlt sich der Kauf einer Telefonkarte. Natürlich funktioniert auch das Mobiltelefon, doch sollte man die Roaminggebühren stets im Kopf haben.

Vorwahlen
I → D: 00 49
I → A: 00 43
I → CH: 00 41
D, CH → I: 00 39
A → I: 0 40
Achtung: Die Null vor der Ortskennzahl muss mitgewählt werden.

Trinkgeld

Trinkgeld (»mancia«) gehört einfach dazu. Wer sich im Restaurant oder an der Bar Münzen zurückzahlen lässt, gilt als kleinlich. Einem Touristen wird dies zwar eher nachgesehen, doch belastet es die Reisekasse sicherlich nicht zu sehr, wenn man an der Theke ein paar Münzen liegen lässt. Im Restaurant gelten 5 % als angemessen. Hotelangestellte und Taxifahrer wissen es zu schätzen, wenn ihre Dienste entsprechend honoriert werden.

Verkehrsverbindungen

Auto

Wer einen reinen Badeurlaub an der Küste oder auf einer der vorgelagerten kleinen Inseln plant und nur gelegentlich einen Ausflug unternehmen möchte, kann auf das eigene Auto leicht verzichten und sich zudem mit dem Gedanken trösten, dass es alles andere als erholsam ist, in der Rushhour durch Palermo oder Catánia zu fahren. Für ausgedehnte Touren durch das Inselinnere erweist sich ein eigenes Fahrzeug schon aus Zeitgründen als sehr praktisch, da manche touristischen Ziele mit öffentlichen Verkehrsmitteln gar nicht erreichbar sind. Einen geeigneten Parkplatz in einer der größeren Städte zu finden ist nicht einfach. Es empfiehlt sich als Schutz vor Einbrüchen, bewachte Parkplätze anzusteuern.

Prinzipiell befinden sich die sizilianischen Straßen in einem weitgehend guten Zustand. Zu Staus kommt es nur selten. Nur die Autobahnstrecken zwischen Messina und Palermo sowie von Messina nach Catánia sind gebührenpflichtig.

Mietwagen

In allen größeren Städten, Touristenzentren sowie an den internationalen Flughäfen von Catánia und Palermo sind Mietwagenagenturen vertreten. Ein Kleinwagen kostet rund 50 € pro Tag (Kreditkarte mitnehmen!).

Eisenbahn

Sizilien mit der Eisenbahn zu erkunden ist eine preisgünstige Alternative zum Mietwagen. Im Norden und Osten der Insel steht dem Bahnreisenden ein gut ausgebautes Streckennetz zur Verfügung, das auch den motorisierten Touristen für Ausflüge zu empfehlen ist. Die sicherlich schönste Tour ist eine Umrundung des Ätna mit der privaten Schmalspurbahn **Ferrovia Circumetnea** (→ S. 91). Auf den Hauptrouten Messina–Palermo und Messina– Siracusa verkehren die Züge im Ein- bis Zwei-Stunden-Takt. Achtung: Zugtickets unbedingt vor Fahrtantritt entwerten, sonst sind sie nicht gültig.

Bus

Im Westen, Süden und im Inselinneren ist das Schienennetz relativ weitmaschig, so dass es sich lohnt, den Bus zu benutzen. Alle größeren Städte besitzen einen Busbahnhof (»autostazione«). Dort finden sich die Büros der beiden großen Busgesellschaften AST sowie SAIS. Möchte man jedoch einen Ausflug mit dem Bus zu abgelegeneren Ortschaften machen, muss man geduldig sein können, denn diese werden nur sehr selten durch den Linienverkehr bedient. Bei »Bergorten« wie Enna oder Taormina, die sowohl mit dem Bus als auch mit der Bahn zu erreichen sind, empfiehlt sich in jedem Fall der Bus, da der Bahnhof weit außerhalb des Zentrums liegt.

Entfernungen (in km) zwischen wichtigen Orten

	Agrigento	Catánia	Cefalù	Enna	Messina	Noto	Palermo	Siracusa	Taormina	Trápani	Villa Romana
Agrigento	–	172	160	90	270	185	132	215	222	165	125
Catánia	172	–	180	80	97	87	210	55	50	318	125
Cefalù	160	180	–	102	220	267	62	235	240	170	147
Enna	90	80	102	–	177	167	132	134	130	240	45
Messina	270	97	220	177	–	184	285	151	48	395	222
Noto	185	87	267	167	184	–	330	33	137	350	160
Palermo	132	210	62	132	285	330	–	265	335	107	177
Siracusa	215	55	235	134	151	33	265	–	104	372	195
Taormina	222	50	240	130	48	137	335	104	–	445	175
Trápani	165	318	170	240	395	350	107	372	445	–	285
Villa Romana	125	125	147	45	222	160	177	195	175	285	–

Mit dem Flugzeug

Der innersizilianische Flugverkehr zwischen Palermo, Trápani und Catánia spielt für Touristen keine Rolle. Wer allerdings zur Insel Pantelleria oder zu den Pelagischen Inseln möchte, kann auch fliegen.

Mit dem Fahrrad

Vor allem im Sommer lassen die hohen Temperaturen eine ausgedehnte Radtour schnell zur Qual werden. Sehr lohnenswert ist es jedoch, die kleineren Inseln (Lípari, Favignana etc.) mit dem Fahrrad zu erkunden.

Schiffe

Ausflüge zu den Sizilien vorgelagerten Inseln sind von vielen Häfen aus möglich. Zur Hochsaison wird auch die kleinste Insel täglich angefahren, in der übrigen Zeit mehrmals wöchentlich. Zumeist hat man die Wahl zwischen der Fähre und dem Tragflügelboot (»aliscafo«). Das Tragflügelboot ist doppelt so schnell, aber auch doppelt so teuer wie die Fähre. Fahrkarten sind immer nur auf den Schiffen der Unternehmen gültig, bei denen man das Ticket gekauft hat.

Wirtschaft

Durch die Erdölfunde bei Gela und Ragusa, die Gründung des Entwicklungsfonds der »Cassa per il Mezzogiorno« und die Mitgliedschaft in der EU konnte die wirtschaftliche Situation Siziliens in den letzten Jahrzehnten zwar erheblich verbessert werden, doch noch immer ist Sizilien im Vergleich mit Norditalien eine arme Region mit hoher Arbeitslosenquote. In der Antike galt Sizilien als »Kornkammer Roms«, und auch heute noch kommt der **Landwirtschaft** eine große Bedeutung zu. Rund drei Viertel der Insel werden landwirtschaftlich genutzt. Der größte Teil der italienischen Zitronen, Orangen und Mandarinen wird auf Sizilien geerntet. Ein weiterer wichtiger landwirtschaftlicher Erwerbszweig ist der **Weinanbau.** Sizilien ist nach Apulien das größte Weinanbaugebiet Italiens.

Die Erträge der Fischer lassen sich zwar nicht mit früheren Zeiten messen, als das Mittelmeer noch für seinen Fischreichtum bekannt war. So ist der einst so wichtige Tunfischfang erheblich zurückgegangen. Doch noch immer kommt der **Fischerei** an der Südküste eine große Bedeutung zu. Die größten Fischfangflotten liegen in Mazara del Vallo und Sciacca.

Der **Industrie** war es auch trotz staatlicher Fördermaßnahmen nicht vergönnt, ökonomische Impulse zu setzen. Milliarden wurden investiert, aber die Arbeitsplätze, die man sich von der Industrie erhoffte, sind nie geschaffen worden. In den letzten Jahrzehnten hat der Dienstleistungssektor und damit der **Tourismus** enorm an Bedeutung gewonnen. Mehr als jeder zweite Sizilianer findet mittlerweile sein Auskommen in diesem Wirtschaftsbereich. Dennoch liegt die Arbeitslosenquote über 20 %, soziale Probleme verwundern daher nicht.

Zeitungen

Die überregionalen deutschsprachigen Zeitungen sind in der Regel einen, selten zwei Tage nach Erscheinen in den meisten Provinzstädten und Touristenzentren erhältlich.

Zoll

Innerhalb der Europäischen Union bestehen keine mengenmäßigen Ein- und Ausfuhrbeschränkungen. Tabak, Alkohol und andere Waren können problemlos eingeführt werden, soweit erkennbar ist, dass sie ausschließlich für den Privatgebrauch bestimmt sind. Für Schweizer gelten die üblichen Mengenbeschränkungen: 50 g Parfüm oder 0,25 l Eau de Toilette, 1 l Spirituosen oder 2 l Wein, 200 Zigaretten oder 100 Zigarillos oder 50 Zigarren oder 250 g Tabak.

Weitere Auskünfte erhalten Sie unter www.zoll.de, www.bmf.gv.at/zoll und www.zoll.ch.

Kartenatlas

Orientierung leicht gemacht: mit Planquadraten und allen Orten und Sehenswürdigkeiten.

Legende

Routen und Touren

- Durch den barocken Osten (S. 90)
- Rund um den Ätna (S. 91)
- Nach Favignana (S. 93)

Sehenswürdigkeiten

- MERIAN-TopTen
- MERIAN-Tipp
- Sehenswürdigkeit, öffentl. Gebäude
- Sehenswürdigkeit Kultur
- Sehenswürdigkeit Natur
- Kirche; Kloster
- Schloss, Burg; Ruine
- Museum
- Leuchtturm

Sehenswürdigkeiten ff.

- Höhle
- Archäologische Stätte

Verkehr

- Autobahn
- Autobahnähnliche Straße
- Fernverkehrsstraße
- Hauptstraße
- Nebenstraße
- Unbefestigte Straße, Weg
- Fußgängerzone
- Schiffsanleger
- Parkmöglichkeit
- Busbahnhof

Verkehr ff.

- Bahnhof
- Flughafen; -platz

Sonstiges

- Information
- Theater
- Denkmal
- Markt
- Aussichtspunkt
- Strand
- Friedhof
- Naturpark

A
B
C
1
2
3
4
Marettimo
Lévanzo
Í. Marettimo
Ústica
Í. di Ústica
Palermo
Tyrrhenische
Capo S. Vito
S. Vito lo Capo
Torre dell' Impiso
Golfo di Castellammare
Riserva Naturale dello Zingaro
Castelluzzo
Cagliari
Custonaci
Scopello
1110
M. Spáragio
Balestrate
Érice
Valdérice
Í. di Lévanzo
Grotta dei Genovese
Lévanzo
Trápani
Paceco
Buseto Palizzolo
Castellammare del Golfo
Bruca
Ísole Égadi
Favignana
Í. Favignana
Fulgatore
Rilievo
Segesta
Calatafimi
L. Rubino
Mózia
Í. d. Stagnone
I. S. Pantaleo
Vita
Salemi
Marsala
Capo Boeo
Bo. Chitarra
Gibellina
Ciávolo
Val
S. Ninfa
Tunis
Strasatti
Partanna
Petrosino
Borgata Costiera
L. della Trinità
Castelvetrano
Montevago
SS. Trinità di Délia
Bélice
Mazara del Vallo
Campobello di Mazara
Selinunte
Pantelleria
Granítola-Torretta
Marinella
Capo Granítola
Porto Palo
Ísola di Linosa
Linosa
M. Vulcano
195
Porto
Ísole
Pelágie
Trápani
Í. di Pantelleria
Pantelleria
Gadir
Mgna. Grande
Sataria
836
Scáuri
M. Albero Sole
133
Lampedusa
Ísola di Lampedusa

D
E
F
1
2
3
4
Meer
Capo Gallo
Ísola d. Fémmine
Mondello
M. Pellegrino
606
Golfo di Palermo
PALERMO
Torretta
Cinisi
Carini
Montelepre
Monreale
Conca d'Oro
Borgetto
Pioppo
Partinico
Altofonte
Piana d. Albanesi
Misilmeri
294
Solunto
C. Zafferano
Porticello
S.Flávia
Bagheria
Golfo di Términi Imerese
San Nicola l'Arena
Términi Imerese
Trabia
Campofelice di Roccella
Collesano
Imera
Cerda
582
Scillato
Cáccamo
S. Giuseppe Jato
S. Cipirello
Ietum
L. d. Piana d. Albanesi
856
Marineo
Bolognetta
L. d. Scanzano
Villafrati
Ciminna
Montemaggiore Belsito
Bosco d. Ficuzza
Mezzojuso
Vicari
Roccapalumba
Caltavuturo
Roccamena
Corleone
Campofelice di Fitália
Ália
871
L. di Garcia
Port la Scorciavacche
683
718
Lercara Friddi
Valledolmo
903
Contessa Entellina
Campofiorito
L. di Prizzi
566
Torto
Bisacquino
Prizzi
Castronuovo di Sicilia
Vallelunga Pratameno
Chiusa Sclâfani
902
Palazzo Adriano
Sósio
Monti Sicani
Sambuca di Sicilia
Cammarata
Villalba
S. Carlo
Bivona
S. Stéfano
1579
Castello Manfredónico
Marianópoli
L. Aráncio
Búrgio
M. Cammarata
Caltabellotta
Villafranca Sícula
Alessándria d. Rocca
Mussomeli
M. Mimiani
854
S. Calógero
Casteltérmini
Ribera
Cianciana
S. Biágio Plátani
Salito
Sciacca
M. Sara
434
S. Angelo Muxaro
Necropoli
Milena
Serradifalco
Cattólica Eraclea
Plátani
S. Elisabetta
Montedoro
Seccagrande
M. Giafaglione
674
Aragona
Racalmuto
Montallegro
Raffadali
Eraclea Minoa
Castrofilippo
Canicattì
Torre Salsa
Siculiana
Agrigento (Agrigent)
Favara
464
Realmonte
Valle dei Templi
Campobello di Licata
Naro
Porto Empédocle
533
San Leone
M. Malvizzo
Camastra
Palma di Montechiaro
P. Bianca
Castellazzo di Montechiaro
Marina di Palma
262
Linosa, Lampedusa
Cagliari
Livorno, Genova
I. di Ustica
Napoli
Mittelmeer
118
120
A19
E90
E931
ss624
ss118
ss121
ss285
ss120
ss188
ss189
ss115
ss118
ss122
ss640
ss410
ss123
0
18 km
N
© MERIAN-Kartographie

A
B
C
5
6
7
8
Tyrrhenisches
Ísole Eólie o
Ísola Filicudi
Filicudi Porto
Pecorini
Ísola Salina
Rinella
Ísola Alicudi
Grotta d. Bue Marino
675
Alicudi Porto
San Gregó
Capo d'Orlando
La Rocca
S. Ágata di Militello
Castell' Umberto
Frazzanò
Longi
Alcara li Fusi
S. Fratello
Acquedolci
Marina di Caronia
Caronia
S. Stéfano di Camastra
Castel di Tusa
Halaesa
Milianni
Tusa
Cefalù
A20
E90
ss113
Gratteri
Santuario di Gibilmanna
Póllina
Isnello
Castelbuono
Collesano
Parco delle Madonie
Pizzo Carbonara 1979
Scilláto
Borrello
S. Máuro Castelverde
Castel di Lúcio
Geraci Sículo
Reitano
Mistretta
ss117
Parco dei Nébrodi
ss289
M. Soro 1847
Plla. Fémmina Morta 1524
Abb. di Ma
S. Teodoro
Cesarò
L. di Ancipa
Capizzi
Plla. del Contrasto
1107
1050
Cerami
Petralia Sottana
1120
Gangi
Polizzi Generosa
Plla. Madonnuzza 1147
Castellana Sicula
Blufi
E932
A19
ss290
ss120
Sperlinga
Nicosia
990 Troina
Gagliano Castelferrato
ss575
Ponte d. Saraceni
Villadoro
M. Altesina 1192
858
Salso
L. di Pozzillo
Alimena
Resuttano
833
Plla. di Reccattivo 832
Leonforte
Calascibetta
Ássoro
Agira
Regalbuto
Centúripe
Catenanuova
ss121
117
120

D
E
F
5
6
7
8
Í. Strómbolicchio
Napoli
Napoli
S.Vincenzo
Ísola Strómboli
Ginostra
924
Meer
Í.Basiluzzo
Í. Panarea
Í.Lisca Bianca
S.Pietro
Golfo di Gióia
Punta del Faro
Spartà
Torre Faro
Golfo di Milazzo
Capo di Milazzo
ss113d
Castanea d. Fúrie
Villafranca Tirreno
Divieto
Spadafora
E90
A3
Villa S.Giovanni
Golfo di Patti
Milazzo
Bastione
C. Calavà
S.Giórgio
A20
Rometta
MESSINA
Laganadi
C. Tíndari
Tyndaris
Tíndari
Oliveri
ss113
S. Lucia d. Mela
Galati Marina
Stretto di Messina
Patti
Castroreale Terme
Barcellona-Pozzo di Gotto
1279
Terreti
S. Angelo di Brolo
Falcone
Mazzarà S. Andrea
Castroreale
Monti Peloritani
Itála
ss114
RÉGGIO DI CALÁBRIA
Raccúia
Basicò
ss185
Fiumedinisi
Alì
A18
Scaletta Zanclea
E90
Armo
Péllaro
Motta S. Giovanni
S. Piero Patti
Novara di Sicília
1286
Mandanici
Alì Terme
ss106
Montalbano Elicona
Pzo. di Vernà
E45
Nizza di Sicília
Lazzaro
Antillo
Sant' Elia
1264
974
Sávoca
Roccalumera
Límina
S. Teresa di Riva
Malvagna
Francavilla di Sicília
Forza d'Agrò
S. Aléssio Sículo
Doménica Vittória
Gola dell' Alcántara
7
Letojanni
ss185
Castelmola
Passopisciaro
Mazzarò
Taormina
Giardini-Naxos
Linguaglossa
ss120
Parco
Piedimonte Etneo
Naxos
Ionisches Meer
Fiumefreddo di Sicília
ss114
Monte Etna
4
3350
Riposto
Milo
Giarre
Cantoniera d'Etna
Zafferana Etnea
Santa Venerina
Pozzillo
rina Salina
Acquacalda
94
Canneto
Porto
391
Ísola Vulcano
Gelso
Biancavilla
Trecastagni
Nicolosi
3
Belpasso
Parco Zoo di Sicília
Aci Catena
Aci Trezza
0
18 km
N
© MERIAN-Kartographie

121

118
117
A
B
C
9
10
11
12
Nicosia
Gagliano Castelferrato
Ponte d. Saraceni
Villadoro
M. Altesina 1192
Resuttano
Alimena
833
Plla. di Reccattivo 832
Leonforte
Nissoría
Agira
Regalbuto
Centúripe
Calascibetta
Ássoro
Catenanuova
S. Caterina Villarmosa
Villarosa
Enna
Pergusa
L. di Pergusa
Castel di Iúdica
Dittaino
M. Mimiani 854
S. Cataldo
Caltanissetta
M. Gibil Gábel 615
Valguarnera Caropepe
Raddusa
Giumarra
Morgantina
L. di Ogliastro
Gornalunga
Pietraperzía
Piazza Armerina
Aidone
Ramacca
Barrafranca
Villa Romana del Casale
Délia
Sommatino
B. Braemi
Mirabella Imbáccari
Palagonía
S. Cono
S. Michele di Ganzaria
Mazzarino
Mineo
Ravanusa
Riesi
Salso
Lago d. Disueri
Caltagirone
Grammichele
Butera
Niscemi
Licodia Eubéa
L. Comunelli
Granieri
L. Dirillo
S. Pietro
Licata
Falconara
Priolo
Mazzarrone
Monterosso Almo
M. Arcibes. 906
Gela
Acate
Chiaram
Golfo di Gela
Cómiso
Vittória
Scoglitti
Donnafugata
M. Renna 571
Camarina
S. Croce Camerina
Scicli
Punta Secca
Marina di Ragusa
Donnalucata
Cava d'Aliga
Val di Noto
Mittelm
A19
E932
E931
E45
ss121
ss117
ss117bis
ss191
ss190
ss626
ss640
ss644
ss115
ss124
ss417
ss288
ss192
ss514
ss575
ss290
ss123

D E F

9
10
11
12

D E

0 18 km

Zeichenerklärung
○ Orte
△ Kap, Insel
▲ Gebirge
★ Sehenswürdigkeit
☆ Nationalpark

Hier finden Sie alphabetisch aufgeführt alle in diesem Band beschriebenen Orte und Ziele, Routen und Touren. Bei einzelnen Sehenswürdigkeiten steht jeweils der dazugehörige Ort in Klammern, bei Hotels steht zusätzlich die Abkürzung H für Hotel. Außerdem enthält das Register wichtige Stichworte sowie alle MERIAN-TopTen und MERIAN-Tipps dieses Reiseführers. Wird ein Begriff mehrfach aufgeführt, verweist die **fett** gedruckte Zahl auf die Hauptnennung, eine *kursive* Zahl verweist auf ein Foto.

Liebe Leserinnen und Leser,
wir freuen uns, Ihre Meinung zu diesem Reiseführer zu erfahren. Bitte schreiben Sie uns, wenn Sie Berichtigungen und Ergänzungsvorschläge haben oder wenn Ihnen etwas besonders gut gefällt:

TRAVEL HOUSE MEDIA GmbH, Postfach 86 03 66, 81630 München
E-Mail: merian-live@travel-house-media.de Internet: www.merian.de

Der Autor
Ralf Nestmeyer, Jahrgang 1964, studierte Geschichte und Philosophie und ist Autor mehrerer Reiseführer und Bildbände über verschiedene europäische Regionen, mit Schwerpunkt Italien und Frankreich. Er ist ein Liebhaber der sizilianischen Literatur und hat im Insel Verlag eine literarische Anthologie zu Sizilien herausgegeben.
www.nestmeyer.de

Bei Interesse an Karten aus MERIAN-Reiseführern wenden Sie sich bitte an:
iPUBLISH GmbH, geomatics
E-Mail: geomatics@ipublish.de

Bei Interesse an Anzeigenschaltung wenden Sie sich bitte an:
KV Kommunalverlag GmbH & Co KG
MediaCenterMünchen
Tel. 0 89 – 92 80 96 – 44
E-Mail: kramer@kommunal-verlag.de

Fotos
Titelbild: Alicudi, typische Architektur (Bildagentur Huber/Johanna Huber)
Fotos: srt/Rodrian 4/5, 7; Huber/A. Saffo 6, 14, 60/61, 78; R. Nestmeyer 9, 40, 94; Huber/Giovanni 10/11, 12, 18, 58, 62, 72; Huber/Simeone 22, 30, 33, 75, 76, 82, 88/89, 108; Galli/laif 20, 48, 92, 96/97; F. M. Frei 25; U. Haafke 26, 67, 81; P. Amann 28/29, 32, 37, 90; M. Thomas 34; H. Hartmann 38, 70, 87, 93; T. Stankiewicz 42; Celentano/laif 45, 46, 52, 57, 74, 83, 111; Eid/laif 64, 84; Amme/laif 95

Programmleitung
Dr. Stefan Rieß
Redaktion
Simone Schmidt
Lektorat
Julia Gschwilm
Gestaltung
wieschendorf.design, Berlin
MERIAN-Quiz
Verónica Reisenegger (Konzept und Idee)
Karten
MERIAN-Kartographie
Satz
h3a GmbH, München
Druck
Appl, Wemding
Bindung
Auer, Donauwörth
Gedruckt auf
Eurobulk Papier von der Papier Union

2. Auflage

TRAVEL HOUSE MEDIA

Ein Unternehmen der
GANSKE VERLAGSGRUPPE

Sizilien

MERIAN-Tipps

Tipps und Empfehlungen für Kenner und Individualisten

1 **Stella in Palermo**
Trattoria in stimmungsvollem Innenhof, in der man sich bei gefülltem Tintenfisch vom turbulenten Stadtleben erholen kann (→ S. 15).

2 **Keramik aus Caltagirone**
Farbenprächtige Keramik, wohin das Auge blickt (→ S. 19).

3 **Parco Zoo di Sicília**
Dieser Zoo am südlichen Rand des Ätna zieht nicht nur Kinder an. Mit prähistorischem Park und Safari-Areal (→ S. 27).

4 **San Giovanni degli Eremiti**
Die normannische Kirche, in der sich christliche und islamische Elemente vereinigen, ist eines der Wahrzeichen Palermos (→ S. 33).

5 **Ústica**
Die kleine Vulkaninsel mit ihren bunt bemalten Häusern ist ein Paradies (nicht nur) für Taucher (→ S. 36).

6 **Póllina**
Hübsches Bergstädtchen mit einem grandios gelegenen Amphitheater (→ S. 41).

7 **Góla dell'Alcántara**
Eine spektakulär tiefe Schlucht hat der Alcántara-Fluss in das Gestein gegraben (→ S. 53).

8 **Nekropolen von Pantálica**
Die »Totenstadt« mit ihren über 5000 Grabhöhlen aus dem 13. bis 8. Jahrhundert v. Chr. liegt in großartiger Landschaft (→ S. 74).

9 **Ragusa Ibla**
Die barocke Altstadt von Ragusa zieht sich wie ein griechisches Theater eindrucksvoll den Hang hinauf (→ S. 75).

10 **San Vito lo Capo**
Hübscher Badeort, dessen nordafrikanisch anmutende Altstadt ihren Reiz hat. Die Riserva Naturale dello Zingaro liegt ganz in der Nähe (→ S. 79).

← MERIAN-TopTen finden Sie auf Seite 1